LETTRES

A

M. L'ABBÉ BURNOUD

Ancien supérieur des missionnaires de la Salette

EN RÉPONSE

A SA LETTRE DU 12 MAI 1856

VERSÉE AU PROCÈS DE MADEMOISELLE LAMERLIÈRE
CONTRE MM. DÉLÉON ET CARTELLIER

DANS L'AFFAIRE DE LA SALETTE

PAR

L'ABBÉ DÉLÉON

PARIS
LIBRAIRIE DE BALLAY ET CONCHON
RUE MAZARINE, 11
LYON. — MÊME MAISON, RUE IMPÉRIALE, 15
1857

Paris. — Imprimerie de L. MARTINET, rue Mignon, 2.

PRÉFACE.

Je croyais en avoir fini avec les tribunaux et la justice; je le désirais dans l'intérêt de la Religion; M. l'abbé Burnoud, ancien supérieur des missionnaires de la Salette ne le veut pas. Il lui faut de nouveaux débats sur un nouveau théâtre; il lui faut une nouvelle discussion judiciaire sur sa lettre du 12 mai, qui a joué un grand rôle dans le procès devant la Cour, qui a été stigmatisée comme mensongère, qui ne peut pas ne pas l'être encore devant le tribunal de Vienne. Qu'il soit fait selon son bon plaisir, et que ces quelques lettres, en fixant la vérité judiciairement acquise par les débats devant la Cour et par l'arrêt du 6 mai dernier, lui prouvent l'éternelle jeunesse de cette vieille maxime:

Quos vult perdere Jupiter dementat.

LETTRES

A

M. L'ABBÉ BURNOUD.

PREMIÈRE LETTRE.

Monsieur l'abbé,

Les débats solennels soulevés par la passion religieuse devant la Cour impériale de Grenoble sont clos. Attaqué avec colère, avec fiel, je pourrais dire avec une fureur inouïe, par un avocat du barreau de Paris, M. J. Favre, autrefois défenseur de la liberté, converti tout à coup et pour la cause unique du miracle de la Salette au despotisme le plus absolu, j'ai été défendu avec la modération du droit par un avocat du même barreau, l'honnête et éloquent M. Bethmont. L'héroïne de la Salette s'est presque effacée pour laisser la plus large place à la discussion du miracle, à l'immolation délirante de son adversaire ; car les accusations les plus odieuses, les plus injustes, les plus insolentes ont plu sur moi comme la grêle pendant dix heures. Votre lettre du 12 mai 1856 en a été la cause, monsieur, et je suis loin de m'en plaindre. Les calomnies et les diffamations sourdes ont été déroulées devant la Cour ; les interdits ont été expliqués ; les preuves des motifs tristement humains qui les avaient inspirés ont été données ; votre lettre aussi a été discutée avec les certificats, les attestations captieuses des puissants auxiliaires qui aspiraient avec vous à égarer l'opinion publique. La lumière s'est faite ; la vérité a été proclamée sur tout et sur tous. Un arrêt souverain confirmant le jugement de 1re instance a statué que j'avais eu le droit d'écrire, d'imprimer, de publier que mademoiselle Lamerlière était, conformément à ses aveux, aveux dont vous étiez l'un des dépositaires, et que déniait si fièrement votre lettre du 22 mai ; conformément encore à ses actes, à son costume excentrique, à son imagination bizarre, l'héroïne de l'apparition du 19 septembre 1846 aux deux bergers de la Salette.

Il était beau, monsieur l'abbé, de voir aux jours de cette grande lutte judiciaire la magistrature, le barreau, l'élite des habitants de Grenoble suspendus aux lèvres des deux orateurs ; il était beau de voir l'opinion publique, cette reine du monde contre laquelle les coups d'État religieux restent toujours impuissants, se réveiller, se passionner, s'électriser en faveur du seul prêtre qui ait eu le courage de son devoir et le sentiment de sa dignité. Aussi j'étais impassible en voyant fondre sur moi l'avalanche d'insultes et d'outrages auxquels j'avais cru jusqu'à ces jours un membre d'un barreau quelconque incapable de descendre. La ville entière l'avait cru avec moi, et elle m'en a donné une preuve touchante.

Pendant que mon avocat, M. Bethmont, était, à l'audience et hors de l'audience, l'objet d'une sympathie universelle, son adversaire ne recueillait pas un seul témoignage de bienveillance, aucune main amie n'est allée serrer la sienne, aucune tête ne s'est découverte pour le saluer. Défenseur d'une mauvaise cause, il avait pratiqué des moyens plus mauvais encore : le délaissement de tous a été sa première peine.

En vain les partisans de la Salette, pour expliquer sa présence à ce procès, ont-ils répandu le bruit que M. J. Favre avait cédé aux prières de sa mère. La mère de M. Favre est morte depuis quinze ans. Au moment de sa mort, la Salette n'existait pas encore.

En vain, plus tard, ont-ils attribué l'acceptation de M. J. Favre aux instances de son épouse : M. J. Favre est un vieux célibataire, il ne connaît pas la douceur des liens du mariage. Ce qui l'a déterminé, monsieur, c'est votre lettre du 12 mai, cette lettre qui serait incroyable, si, dès qu'il s'agit de la Salette, quelque chose pouvait être incroyable encore.

Heureusement pour la religion et pour la vérité, les débats orageux de ce procès ont été reproduits textuellement par un sténographe habile, M. Sabbatier, de Paris, qui les a publiés sous le titre : *Affaire de la Salette*. C'est dans cet ouvrage, judiciairement historique, qui fixe la vérité pour toute conscience honnête, que je puise les éléments de ces lettres, les preuves des excès auxquels peut entraîner la passion religieuse ; et quels excès, monsieur l'abbé, vous me forcez à signaler !

N'a-t-on pas entendu, aux audiences des 27 et 28 avril, M. J. Favre me représenter comme touchant à l'apostasie

(*Affaire de la Salette*, p. 74 et 124),— alors que seul dans le diocèse de Grenoble je proteste *contre l'état de cadavre* auquel on veut réduire le prêtre, je revendique les droits de la conscience, je me refuse à faire de la chaire de vérité un tréteau de charlatan ; alors, par conséquent, que seul entre tous je proteste par le sacrifice de ma position et de mon repos que le prêtre est indigne de ce nom, lorsque, pour conserver son pain, il s'abaisse à enseigner par ordre ce qu'il sait être une erreur.

Ne l'a-t-on pas entendu, à l'audience du 28 avril, m'accuser d'avoir *volé*, dans le dossier qui fut communiqué à mon avoué de 1re instance, quelques lettres adressées par mademoiselle Lamerlière à monseigneur Ginouilhac (*Affaire de la Salette*, p. 151), — alors que ces lettres, ignorées de moi, avaient été transmises bénévolement à M. J. Favre par mon avocat, qui les tenait de M. Eugène Pelletan, rédacteur du *Siècle*, auquel mademoiselle Lamerlière elle-même les avait adressées avec prière de les imprimer dans son journal, et que la lettre de cette demoiselle à M. Pelletan, lettre que M. Favre avait sous les yeux, ne permettait pas de se méprendre sur la source de laquelle elles provenaient les unes et les autres, chose que M. Jules Favre a été obligé de reconnaître à l'audience du 30 avril (*Affaire de la Salette*, p. 273).

Ne l'a-t-on pas entendu à l'audience du 30 avril, pour infirmer les preuves accablantes déroulées la veille par mon avocat sur l'interdit électoral et salétiste de 1852, révéler que l'administration diocésaine avait mis à sa disposition les cartons de l'évêché, les pièces qui établissaient, disait-il, l'existence d'un jugement régulier prononcé contre moi en Officialité, jugement *qu'il avait vu, de ses yeux vu* (*Affaire de la Salette*, p. 283), — alors que cela était une invention, et que, sur mon interpellation immédiate de communiquer le jugement, il était réduit à avouer qu'il n'y en avait point (*Affaire de la Salette*, p. 289), et qu'à la même audience je lui prouvais :

1° Que l'Officialité ne s'était pas même réunie ;

2° Qu'il n'y avait pas eu de *rescrit épiscopal*, comme il l'avait affirmé, pour affaiblir l'aveu de sa première erreur ;

3° Que, par un jeu d'enfant, on prenait toutes précautions pour que la *simple lettre* portant avis de cet interdit, fulminé afin de complaire à un haut fonctionnaire et de favoriser ses manœuvres électorales, restât à la poste au lieu de me parvenir ;

4° Qu'une autre lettre écrite en 1854 pour le besoin de la cause, et dont M. J. Favre avait donné lecture à la Cour, était une lettre captieuse et empreinte d'un regrettable esprit d'inexactitude (*Affaire de la Salette*, p. 345 et suiv.).

Tous ces détails sont tristes, je l'avoue, mais ils sont acquis désormais; ils ne peuvent plus être niés après l'épreuve de la discussion publique qu'ils ont subie. La responsabilité pèse tout entière aux imprudents qui ont appelé cette épreuve. Il est une autre responsabilité plus lourde encore. J'ignore si, en remontant aux siècles les plus malheureux de nos dissensions religieuses, on a jamais vu les chefs d'un corps sérieux pour lequel l'exactitude de la justice, la délicatesse de la charité, sont une vertu nécessaire, livrer insidieusement les mystères de leur administration ; signaler, en désespoir de cause, un de ses membres à l'insulte en toge ; enfin travestir tous les faits, et ne retirer de ces manœuvres si insolites que le désagrément d'un échec accablant. Mais ce que je n'ignore plus, c'est que cela s'est vu à Grenoble, a été constaté à l'audience du 30 avril (*Affaire de la Salette*, p. 283), et que je le déplore, non pour moi, je ne puis que gagner à la projection de la lumière, mais pour ceux qui furent autrefois mes amis et mes chefs, et que les besoins du miracle humain de la Salette ont rendu mes persécuteurs à outrance.

Je ne juge pas leur intention au 30 avril, je n'attaque pas leurs sentiments, je constate le fait ; j'ajoute que j'avais un droit sacré à une réserve exceptionnelle, et qu'alors même qu'une manœuvre semblable eût pu, dans des conditions ordinaires, être tolérée par les mœurs cléricales, l'honneur, tel du moins que je le comprends, n'en permettait point l'usage par rapport à moi.

Savez-vous pourquoi ?

Trois vicaires généraux étaient seuls à Grenoble en ce moment. Chacun d'eux se devait à lui-même de me protéger, de me défendre, de se porter garant pour moi, au lieu de me livrer pieds et poings liés à M. Jules Favre, et de faire des efforts désespérés pour imprimer à mon front une tache trompeuse et fausse.

En 1847, M. Chambon, l'un d'eux, était présenté pour un canonicat ; le gouvernement l'éloignait : il voyait en lui un adversaire, à raison d'une visite qu'il venait de faire à Venise à la duchesse de Berry ; j'avais fait l'éducation du fils de M. le préfet de l'Isère, j'intervins auprès de ce magistrat au profit de M. Chambon, je fis tomber toutes les répugnances, il fut nommé chanoine. — Le

30 avril dernier il a acquitté, à sa manière, la dette de sa reconnaissance.

En 1833, le deuxième, M. Rousselot, était présenté pour un canonicat aussi; mais il était fondateur, directeur d'un cercle légitimiste à Grenoble, et le gouvernement le repoussait absolument. J'intervins encore par les amis que j'avais dans les deux chambres, et je fus assez heureux pour faire agréer la présentation de M. Rousselot. — Le 30 avril, il a acquitté, à sa manière, la dette de sa reconnaissance.

En 1831, à la demande du troisième, M. Gérin, curé de la cathédrale et ancien curé de Saint-Symphorien d'Ozon, j'obtins la nomination de son ami M. Pioct aux fonctions de juge de paix de Saint-Symphorien, fonctions que cet ami exerce encore aujourd'hui. — Le 30 avril, lui aussi a acquitté, à sa manière, la dette de sa reconnaissance.

J'ai encore, dans mes papiers, les lettres de remercîment de ces vieux amis; j'ai de plus, dans le cœur, le souvenir de leur délicatesse au 30 avril : que ce souvenir leur soit léger !

De bonne foi, peut-on croire, monsieur l'abbé, que ces trois administrateurs eussent fait cette *pauvre* action, si votre lettre du 12 mai, qui seule avait inspiré le mémoire plein d'erreurs et d'insultes, et la plaidoirie plus erronée et plus insultante encore de M. Jules Favre; qui avait été disséquée à l'audience du 29 avril par M. Bethmont, et convaincue de mensonge ainsi que le certificat calculé des six prêtres auxquels vous aviez avoué, le 11 janvier 1855, — que vous saviez par mademoiselle Lamerlière elle-même qu'elle seule avait fait l'apparition de la Salette, — ainsi, encore, que le certificat nuageux des huit chanoines de la cathédrale; si cette lettre, dis-je, et les certificats mutilés avec tant d'humiliation pour leurs auteurs, jugés à mort par toutes les consciences honnêtes, n'avaient égaré les pensées de vos administrateurs, au point de leur faire tenter une diversion impossible, et dans tous les cas impuissante à rendre la vie à leur miracle ; car, eussent-ils réussi, contre tout droit et toute vérité, à semer le doute sur mes principes, mes sentiments, ma conduite, qu'en serait-il résulté ?

La lumière était faite judiciairement sur le prétendu miracle de la Salette. Il n'y avait plus de retour possible. En trompant la cour et le public par l'organe de M. Jules Favre, qui affirmait emphatiquement en preuve de ma culpabilité l'existence d'une procédure imaginaire, d'un jugement d'officialité, en 1852, plus imaginaire encore, les trois administrateurs du diocèse délivraient par le fait un certificat d'indignité radicale à tous les prêtres du diocèse ; car tous, silencieux et muets, laissaient passer l'erreur alors que, seul, je la saisissais au collet ; tous, alors que, seul, je protestais par devoir de conscience, ils oubliaient que le prêtre qui compose avec sa conscience, qui trompe la conscience publique, est, aux yeux de l'Église, un spéculateur sacrifiant les devoirs de la vérité à son pain de chaque jour, la morale de l'Évangile à un *commerce cupide*. Ce mot est de monseigneur de Bonald ; inclinez-vous avec moi devant la double autorité de son nom et de sa dignité métropolitaine !

Voilà cependant à quelles chutes expose la pente fatale sur laquelle on s'est placé, sur laquelle on s'obstine à rester, à avancer toujours. Il est heureux, fort heureux dans l'intérêt même des prêtres du diocèse, que j'aie déjoué un calcul aussi maladroit, et que M. Jules Favre se soit passionné en pure perte.

Je n'ai ni le goût, ni la volonté de retracer tous les incidents de cette lutte mémorable : il en est, et ceux-là me sont étrangers, qui m'ont été cruellement pénibles ; aussi, croyez-le bien, il est doux pour moi de n'avoir pas été le provocateur dans cette lutte qui s'est terminée par la défaite de tous mes sacrificateurs, par le triomphe de la victime qu'ils avaient dévouée ; parce que, seul entre tous, j'avais protesté par mon silence d'abord, par mes écrits ensuite, quand on m'en fit un devoir, contre l'état de cadavre auquel on prétend réduire le prêtre. Les déserteurs de la vérité ont été pris dans les filets qu'ils avaient tendus : c'était justice !

Vous aussi, monsieur, vous êtes venu le 12 mai 1856 à leur aide ; vous avez, d'une main audacieuse, tendu un filet trompeur, vous avez fait plus encore : vous revêtant de la livrée du mensonge, vous m'avez signalé de çà, de là, partout, comme un *calomniateur indigne*, oubliant ou dédaignant ces préceptes de l'Église : « Mentir dans » l'enseignement de la Religion est un grand crime, qui » bouleverse entièrement la discipline de la foi et anéantit » l'enseignement de la vérité. » Vous avez égaré sciemment les consciences honnêtes ; vous m'avez contraint, moi qui ne vous connais pas, à vous traduire devant la justice de votre pays, non comme diffamateur, je sais bien que la publicité est un des éléments constitutifs de la diffamation, et que vous vous retrancheriez derrière cette espèce de fin de non-recevoir : « Ce n'est pas moi qui ai publié la lettre du 12 mai ; » mais comme coupable d'un mensonge calculé, préjudiciable, et à ce titre passible des réparations prescrites par les art. 1382 et 1383 du Code Napoléon, contre quiconque *a occasionné un dommage par sa faute, par sa négligence ou par son imprudence.*

Pour que mon action soit fondée, il suffit que vous soyez dans l'un de ces trois cas. — Examinons-le ensemble.

DEUXIÈME LETTRE.

Monsieur l'abbé,

Votre lettre du 12 mai 1856, objet de ce procès ; votre dénégation si fière, si absolue d'avoir reçu de mademoiselle de Lamerlière l'aveu qu'elle était l'héroïne de l'apparition de la Salette, et d'avoir fait confidence de cet aveu à plusieurs ecclésiastiques réunis chez l'aumônier de Sainte-Ursule, avaient été débattues devant la Cour avec l'attestation contradictoire de M. Gillos, l'un de vos confidents à la réunion de Sainte-Ursule, et de la bouche du ministère public étaient tombées ces paroles sévères : « La vérité est du côté de M. Gillos. » Je tiens le fait pour constant. (*Affaire de la Salette*, p. 378.)

Les autres ecclésiastiques, membres de cette réunion, avaient armé M. J. Favre d'une protestation élastique, semi-contradictoire à l'affirmation de M. Gillos et à votre dénégation.

Les huit chanoines de la cathédrale avaient, de leur côté, produit un certificat à l'occasion d'un incident suscité maladroitement par l'un de vos confidents de Sainte-Ursule, M. l'abbé Sonier.

Certificat et protestation avaient été débattus aussi devant la Cour et le ministère public, que vous n'accuserez pas de m'avoir été favorable, puisqu'il a conclu contre, et contre moi seul, quoique je n'eusse pas, comme mon coprévenu, comparé mademoiselle de Lamerlière à deux bohémiennes flétries par la justice correctionnelle et condamnées à huit mois de prison et à 1 000 francs de restitution. (*Affaire de la Salette*, p. 111.) Le ministère public, dis-je, avait qualifié, dans les termes suivants, certificat et protestation :

« Je passe sous silence certaines attestations *manquant* » *de netteté et empreintes d'un regrettable esprit de réti-* » *cence*. Mais puisqu'il appartient au ministère public de » dire la vérité à tout le monde, je rappellerai que le » devoir de toute personne de qui on sollicite une décla- » ration, est de s'expliquer *avec sincérité, sans ambiguïté* » *et sans détour*, et que ce devoir est imposé *surtout* aux » hommes placés dans le monde pour y donner l'exemple » de la droiture, de la loyauté, du respect de soi-même, » en un mot de toutes les vertus. »

En présence de ces faits désormais acquis, burinés et qui ne peuvent plus se détruire, en présence de la consternation qui frappa toute la ville de Grenoble, effrayée de ces manœuvres de certificat et de protestation insidieuse, pratiquées par ceux-là mêmes qui sont placés au sommet de la hiérarchie sacerdotale, je compris que, s'il ne m'avait pas été permis de laisser passer votre lettre inaperçue, il y avait convenance pour moi, pour mon caractère si indignement attaqué, de m'arrêter à la satisfaction obtenue, et de ne pas reporter sur un nouveau théâtre, devant le tribunal de la ville de Vienne, une nouvelle discussion de tant de prêtres, qui s'étaient dévoués témérairement pour vous sauver, et qui avaient fait naufrage avec vous. Je n'hésitai pas à vous notifier le désistement ci-après :

« Je soussigné, Joseph Déléon, prêtre, prenant en con- » sidération qu'il m'appartient par caractère de donner » des preuves de modération et de convenance, et par » suite de ne pas poursuivre un procès d'une nature fort » irritante, s'il n'y a pas nécessité pour moi ; qu'à l'épo- » que où j'ai actionné devant le tribunal de Vienne » M. l'abbé Burnoud, le mémoire de M. J. Favre m'en » imposait la nécessité ; qu'en présence des conclusions » de M. le premier avocat général, livrées maintenant » au public et imprimées dans le compte rendu des » débats du procès contre mademoiselle de Lamerlière, » et de l'arrêt rendu par la Cour le 6 mai dernier audit » procès, celui qui existe entre M. Burnoud et moi est » devenu sans importance pour moi et sans nécessité,

» Par ces motifs,

» Je déclare me désister purement et simplement de » l'action que j'ai intentée devant le tribunal de Vienne » contre M. l'abbé Burnoud, avec offre de payer les frais » suivant liquidation qui en sera faite, désirant prouver, » par ce sacrifice pécuniaire, mon empressement à pré- » venir la discussion publique et désormais inutile de » ceux qui furent mes amis et mes confrères.

» Paris, le 6 juillet 1857. »

Après vingt-quatre jours d'un silence absolu, vous vous réveillez, et à l'audience du 30 juillet vous faites appeler l'affaire en exposant que vous ne sauriez accepter un désistement qui contient des *explications inacceptables.* Je n'ai pas la prétention de voir les choses comme vous; en reproduisant les termes textuels de mon désistement, je laisse le public juge entre la convenance de mon langage et les exigences de votre susceptibilité; mais j'ai le devoir de constater un point capital, et je le constate.

Dans cette lutte judiciaire de la Salette, qui a eu un si immense retentissement, on m'a accusé d'avoir recherché le bruit et l'éclat. — Et je n'ai été que défendeur en première instance comme devant la Cour. Le bruit et l'éclat ne venaient donc pas de moi : ils en venaient si peu, que je n'ai pas même voulu suivre mes adversaires dans le champ illimité qu'ils avaient parcouru en m'attaquant, j'ai dédaigné un grand nombre de leurs coups. Dans la lutte judiciaire qui va s'ouvrir à Vienne, je ne serai encore là, par le fait de mon désistement, que défendeur : c'est vous, monsieur l'abbé, qui m'appelez, qui me retenez dans la lice; ne vous en prenez qu'à vous-même des conséquences d'une lutte dans laquelle vous êtes aujourd'hui le provocateur, et que je ne pourrais décliner qu'en désertant la cause de la vérité et de la religion : vous savez fort bien que je ne commettrai pas cette lâcheté.

Vous n'en étiez pas à votre coup d'essai avec la presse, lorsque vous avez écrit votre lettre du 12 mai 1856. — Déjà l'année précédente vous aviez fait imprimer à Grenoble un petit écrit intitulé : *Inauguration de la chapelle de la Salette*, et pour faire croire au public que toutes les dissidences avaient cessé, que les cinquante-quatre prêtres qui avaient protesté par la plume de M. Cartellier contre le culte de la Salette, avaient reconnu leur faute et fait amende honorable, vous aviez décoré votre petit écrit d'un *post-scriptum* qui devait frapper plus spécialement l'attention de vos lecteurs. Ce *post-scriptum* était ainsi conçu (*Affaire de la Salette*, p. 248) :

« M. Cartellier, curé de Saint-Joseph, auteur du *Mémoire au* » *Pape*, a remis, le 26 février 1855, à monseigneur Ginouilhac, » évêque de Grenoble, sa rétractation explicite et complète. »

Que s'était-il passé ?

M. Cartellier, pour complaire à son évêque, était allé, en septembre 1854, jusqu'à me faire assigner comme coupable d'avoir fait imprimer, à son insu, son *Mémoire au Pape sur la Salette*, il avait agi de la sorte sous la menace d'un interdit, — et le fait qu'il m'imputait était son fait propre. (*Affaire de la Salette*, p. 190 et 191.)

Il était difficile, assurément, d'être plus obséquieux.

En février 1855, il avait vu se renouveler la menace d'un interdit s'il ne faisait pas sa soumission par rapport à la Salette.

Il en avait référé officieusement au métropolitain, dont l'opinion, sur ce fait, est diamétralement opposée à celle de l'évêque de Grenoble.

Une première, une deuxième rédaction avaient été élaborées, et, après approbation de monseigneur de Bonald, communiquées à monseigneur Ginouilhac.

Amendées par celui-ci, elles avaient été renvoyées à monseigneur de Bonald.

Réamendées encore, elles étaient revenues à Grenoble.

On avait fini par en arrêter une, la voici textuellement :

« Grenoble, 26 février 1855.

» Monseigneur,

» Je viens déposer aux pieds de Votre Grandeur la déclaration suivante :

» 1° En attaquant le fait de l'*apparition*, je n'ai pas voulu attaquer la *dévotion* de la Salette ;

» 2° J'obéirai exactement au Mandement du 4 novembre dernier, et je ne chercherai jamais à propager mon Mémoire ;

» 3° J'accepte avec une humble soumission la condamnation de mon Mémoire. Je veux me soumettre à tous les actes de l'administration de mon évêque ;

» 4° Les faits qui se trouvent dans mon Mémoire, je les ai rapportés de bonne foi ; mais je désavoue et condamne tout ce qui est faux ou inexact, *tout en conservant mon opinion sur la Salette ;*

» 5° Je désavoue, déplore et condamne les expressions qui, dans mon Mémoire, ont pu contrister monseigneur de Bruillard et tous les prêtres que Monseigneur a en vue dans son Mandement.

» CARTELLIER. »

M. Cartellier avait marché de concessions en concessions.

La dévotion de la Salette, avec son eau merveilleuse et les guérisons sans nombre qu'elle opère, selon les apôtres de la Salette, n'est qu'une superstition et un trafic, si elle ne repose pas sur l'apparition de la sainte Vierge. — M. Cartellier s'était incliné devant la légitimité de cette dévotion lucrative, en déclarant que, dans le *Mémoire au Pape*, ses coups se sont portés sur l'apparition seule.

Première concession.

Un silence obséquieux sur la condamnation de son Mémoire ne lui avait pas suffi : il avait déclaré qu'il *acceptait* cette condamnation *avec une humble soumission ;* — en d'autres termes, il avait déclaré qu'il méritait la peine de cette condamnation, pour avoir fait acte de conscience en s'adressant au Pape.

Deuxième concession.

Il avait conscience de n'avoir inséré dans son *Mémoire au Pape* que des faits vrais et exacts, il ne cesse de l'affirmer aujourd'hui encore ; — et il avait déclaré qu'il *désavouait et condamnait* tout ce qui est *faux ou inexact.*

Troisième concession.

Au milieu de toutes ces concessions, en récompense de toutes ces obséquiosités, il avait demandé une grâce, celle de pouvoir insérer timidement ces mots : *Tout en conservant mon opinion sur la Salette.*

Cette grâce lui avait été accordée, ces mots avaient été insérés ; ils affirmaient la persistance de M. Cartellier dans l'opinion qu'il avait émise, qu'il avait publiée, qui avait été condamnée par un mandement épiscopal antérieur de quatre mois à sa déclaration, — et vous imprimez, monsieur l'abbé, dans un opuscule répandu à profusion, que M. Cartellier a *fait sa rétractation explicite et complète !*

Ce mensonge est cruel, monsieur; votre confrère, dans sa soumission, s'était humilié jusqu'à la contradiction, jusqu'à l'altération de la vérité, jusqu'au reniement de lui-même ; il avait imploré, il avait pu obtenir une seule, une faible consolation, et vous la lui ravissez, sachant fort bien que sa langue est désormais liée, et que toute réclamation contre votre audacieux mensonge lui est à jamais interdite.

Aussi un murmure approbateur accueillait-il ces paroles de M. Bethmont, que vous lirez à la page 250 de l'*Affaire de la Salette :*

« Je ne qualifie pas cette publication (de M. Burnoud); » mais je vous assure que, si quelque chose pouvait faire » souffrir cruellement tout ce qu'il y a d'honnête dans » mon cœur, c'est un pareil FAUX au bas d'un écrit reli- » gieux. »

Votre parole, alors même qu'elle nous parvient par la voie de la presse, est loin d'être parole d'Évangile; vous nous en avez donné une première preuve en ce qui touche M. Cartellier : votre lettre du 12 mai 1856 va nous en donner une deuxième, et celle-ci sera plus audacieuse encore.

Le 11 janvier 1855, vous étiez avec MM. les chanoines Rousselot, Revol, Gay, Gillos, M. le jésuite Valgalier et M. le desservant Sonier, chez M. Lamanche, aumônier de Sainte-Ursule de Grenoble ; la conversation roulait sur le miracle de la Salette, sur les articles que M. Pelletan écrivait à ce sujet dans le journal *le Siècle*, et sur le droit de mademoiselle de Lamerlière à poursuivre correctionnellement cet écrivain, qui la représentait comme l'héroïne de ce miracle. Vous n'étiez pas d'avis que cette poursuite fût intentée, et vous motiviez votre opinion sur la connaissance personnelle que vous aviez de mademoiselle de Lamerlière, et sur la révélation suivante, que vous fîtes aux confrères susnommés, et qui les frappa tous de consternation :

« Un jour, voulant sonder mademoiselle de Lamerlière, » je causais avec elle du pèlerinage de la Salette et m'extasiais sur son succès toujours croissant. Les églises, » lui disais-je, étaient désertes ; le culte de la sainte » Vierge tombait dans l'oubli. Maintenant, voyez comme » la foi s'est réveillée, comme le culte de la Vierge grandit et brille chaque jour d'un éclat plus vif ! *Quelle » grande chose vous avez faite, et comme cela s'est ré- » pandu !...* A quoi mademoiselle de Lamerlière m'a ré- » pondu : N'EST-CE PAS ?... OH !... JE LE SAVAIS BIEN QUAND » JE L'AI FAIT !... »

Je connaissais cette révélation par l'un des membres de la réunion, je la reproduisis sommairement dans un Mémoire judiciaire que je publiai au procès de première instance. Vous ne réclamâtes pas alors. Je la reproduisis avec plus de détails à la barre du tribunal le 26 avril 1855, en présence de mademoiselle de Lamerlière, qui ne réclama pas, quoique je l'interpellasse directement et que je fisse publiquement appel à sa conscience.

Le lendemain, 27 avril, vous vous étiez rendu chez l'un des magistrats qui siégeaient dans cette affaire, et par votre langage entortillé, vous aviez cherché à atténuer l'impression produite sur son esprit par cette révélation, qui abaissait au rôle de charlatan celui que vous remplissiez en continuant à prêcher comme apparition de la sainte Vierge à la Salette, comme pèlerinage pieux, comme eau miraculeuse, et dès lors *hors de prix*, une apparition, un pèlerinage, une eau dont tout le mérite et toute la vertu reposaient sur une plaisanterie *pieuse* de mademoiselle de Lamerlière, plaisanterie dont elle vous avait fait l'aveu.

Le magistrat, pour couper court à votre langage embarrassé, vous avait posé cette question catégorique : Le fait rapporté par l'abbé Déléon est-il vrai? Oui ou Non?

Vous n'aviez pas osé répondre : Non.

C'est après tous ces faits, après avoir quitté la montagne de la Salette et la direction de ses missionnaires, après avoir échangé l'éclat de votre vie publique contre l'obscurité d'une petite cure de campagne, située à 172 kilomètres de la Salette, que vous écrivez la lettre suivante :

« Mézieu, 12 mai 1856.

» Monsieur,

» Vous me demandez s'il est vrai, comme le prétend M. Déléon dans son mémoire, que j'aie dit que mademoiselle Lamerlière m'avait avoué qu'elle était le personnage apparu à Maximien Giraud et à Mélanie Mathieu, le 19 septembre 1846, sur la montagne de la Salette. J'affirme que mademoiselle de Lamerlière ne m'a jamais rien dit de semblable, et que jamais je n'ai tenu un tel langage.

» La conversation qui a eu lieu chez M. Lamanche, et à laquelle M. Déléon fait allusion, a été entièrement travestie par ce dernier, qui n'est, dans cette circonstance comme dans beaucoup d'autres, qu'un indigne calomniateur.

» Je suis, etc.

» BURNOUD,

» Curé archiprêtre de Mézieu, ancien supérieur des missionnaires de la Salette. »

Voilà du moins qui est carré ; un bateleur ne saurait pas employer de plus gros mots : *un indigne calomniateur.*

Prenez garde, mon révérend père, vous êtes dans le vrai quand vous infligez le soufflet de calomniateur, puisque, de nos deux versions essentiellement contradictoires, l'une est nécessairement mensongère et calomnieuse ; mais votre main mal assurée ne serait-elle pas retombée sur votre joue, au lieu d'arriver jusqu'à la mienne ? L'affaire de la Salette, cet ouvrage d'histoire judiciaire va nous l'apprendre : consultez-le, de la page 246 à la page 269, puis encore aux pages 377 et 378, et inclinez-vous avec moi devant l'autorité de la chose débattue et jugée.

M. J. Favre, pour défendre votre lettre du 12 mai, a produit une protestation collective des prêtres présents à la réunion de Sainte-Ursule, M. Gillos seul ne l'a pas signée. (*Affaire de la Salette*, p. 263.)

J'y remarque d'abord cette phrase assez singulière (page 266, ligne 20) : « Mademoiselle Lamerlière, agissant » toujours à sa tête, nuit à son procès, *par cela même* à » l'œuvre de la Salette. »

Il y a donc une relation nécessaire, fatale, entre mademoiselle Lamerlière et le miracle de la Salette ? Vous êtes, ainsi que vos témoins, fort au courant des choses de la Salette et des choses de mademoiselle de Lamerlière; à votre insu, la vérité se glisse sous votre plume et sous la leur : « Mademoiselle de Lamerlière, agissant toujours à » sa tête, nuit à son procès, *par cela même* à l'œuvre de » la Salette. » Je prends note de cet aveu.

J'y remarque aussi ce petit paragraphe (page 264, ligne 31) : « Il reste donc avéré que M. Déléon a calomnié M. Burnoud, *ou que M. Burnoud a été calomnié* » *auprès de M. Déléon.* »

Vous n'avez pas fait cette distinction dans votre lettre, monsieur l'abbé : c'est un tort, car si vous avez été calomnié auprès de moi, le prêtre qui vous a calomnié est le seul qui ait droit au soufflet de calomniateur que, dans les élans de votre charité et de votre justice, vous m'infligez à moi-même.

Consolez-vous, toutefois, vos confrères, signataires de la protestation, ne se piquent pas d'être trop exacts dans leur langage. Ils commencent leur pièce collective, en m'accusant « d'avoir *imaginé* ou *modifié*, selon ma cou» tume, la conversation tenue à Sainte-Ursule. »

Dans l'hypothèse, qu'ils émettent eux-mêmes, où vous auriez été calomnié auprès de moi, je n'ai rien *imaginé :* si j'ai répété textuellement ce qui m'a été rapporté, je n'ai rien *modifié ;* et c'est en se contredisant ainsi dans une pièce d'une importance majeure qu'ils s'arrogent le droit de dire que l'exactitude n'est pas dans mes habitudes ! Avouez qu'ils ne jouent pas de bonheur, et que je suis mieux inspiré en leur rappelant ce vieil adage : « Médecins, guérissez-vous vous-mêmes. »

Venons à la partie de cette pièce qui se rattache à

votre lettre. Selon les certificateurs, vous auriez parlé, à Sainte-Ursule, d'une rencontre que mademoiselle de Lamerlière aurait faite, à Valence, d'un personnage « qui » aurait attribué *à son génie et à son habileté* l'affaire de » la Salette, et qu'à cet éloge, flatteur en apparence, » mademoiselle Lamerlière n'avait répondu que par un » *léger sourire*, accompagné d'un geste de dénégation » et de *mépris*, mais pas assez significatif pour donner » peut-être à son insidieux complimenteur la conviction » qu'elle *repoussait avec dégoût* la calomnie contenue » dans ce compliment. »

Vous auriez ajouté que vous teniez ces détails de la bouche de mademoiselle Lamerlière.

Je comprends fort bien ce léger sourire de mademoiselle Lamerlière, laissant son interlocuteur dans la conviction qu'elle accepte le compliment ; mais je ne sais pas comprendre, je le confesse en toute humilité, ce *léger sourire* s'alliant avec un *geste de mépris*, avec un dédain exprimant le *dégoût*, et laissant, selon l'aveu de mademoiselle Lamerlière, son interlocuteur convaincu qu'elle ne répudie pas le compliment qui lui est adressé.

Une chose que je comprends moins encore est celle-ci : si cette confidence de mademoiselle Lamerlière a paru à vous et à vos confrères de Sainte-Ursule un fait insignifiant, comment choisissez-vous pour vous en occuper le moment où vous agitez la question de savoir si un procès est à intenter au *Siècle*, si cette confidence est de nature à compromettre le procès? Comment, surtout, venez-vous reconnaître, dans cette même réunion, que mademoiselle Lamerlière, « en agissant toujours à sa tête, » nuit à son procès contre M. Cartellier et moi, et, *par*

» *cela même*, nuit à l'œuvre de la Salette? » Vous voudrez bien, j'espère, nous expliquer toutes ces énigmes.

Si vos auxiliaires ne vous apportaient pas l'appui de bonnes raisons, il faut reconnaître qu'ils vous apportaient au moins l'appui du nombre. Ils étaient six ; je n'avais avec moi que M. Gillos, l'un des assistants à la réunion. Quel a été son langage?

Loin de faiblir, il a persisté avec une énergie toujours croissante, et pour prévenir toute équivoque, toute interprétation captieuse, toute discussion jésuitique, au lieu de se perdre, comme vos certificateurs, dans une protestation de trois pages, il a donné l'attestation suivante ; trois lignes lui ont suffi pour fixer la vérité (*Affaire de la Salette*, p. 259) :

« Je, soussigné, déclare que le récit contenu dans un » Mémoire signé Deléon, Bresse-Perouse, concernant un » dîner à Sainte-Ursule, et *les paroles par moi attribuées* » *à M. l'abbé Burnoud*, est *substantiellement* conforme à » tous mes souvenirs.

» Grenoble, le 25 avril 1857.

» Signé GILLOS. »

Ces paroles étaient gravées aussi dans les souvenirs de M. l'abbé de Lemps, ce modèle de vertu, de modération et de droiture ; dans les souvenirs de M. de Ventavon aîné, si digne parmi tant de dignes avocats que compte le barreau de Grenoble. L'un et l'autre connaissaient votre conversation par M. Gillos, et ils avaient attesté de leur côté que j'avais été exact jusqu'au scrupule.

Persisterez-vous à répéter le langage de votre lettre du 12 mai, et à imprimer que *sur ce fait, comme sur beaucoup d'autres, je ne suis qu'un indigne calomniateur?*

M. Gillos, mon auteur et votre confident, a revendiqué hautement la responsabilité de mon langage, de tout mon langage ; il me couvre entièrement ; je ne suis donc pas un calomniateur, à plus forte raison, un calomniateur indigne. Vous n'êtes convert, vous, que par la calomnie dont vous vous êtes rendu coupable sciemment envers M. Cartellier, en imprimant qu'il avait fait *sa rétractation explicite et complète.*

Avant de vous arroger un droit d'accusation souverainement injuste contre moi, souverainement téméraire contre M. Gillos, commencez par vous blanchir de votre première calomnie contre M. Cartellier.

M. Gillos n'a pas à se blanchir, car il a été l'écho fidèle, très fidèle, de votre révélation.

Ainsi l'ont jugé le ministère public et la Cour, après la lumineuse discussion de M. Bethmont (*Affaire de la Salette*, p. 246 et suiv.), après la réplique confuse, embarrassée de M. Jules Favre (*Affaire de la Salette*, p. 316 et suiv.). Écoutez d'abord le ministère public :

« Je m'arrête à deux attestations contradictoires : l'une » de M. Burnoud, l'autre de M. Gillos. M. Burnoud nie « hautement un propos qu'il aurait tenu dans une réu- » nion d'ecclésiastiques, d'après lequel mademoiselle de » Lamerlière lui aurait avoué sa coopération à l'acte » mystérieux de la Salette. M. le chanoine Gillos affirme, » au contraire, avoir entendu M. Burnoud rapporter le » fait.... La vérité est du côté de M. Gillos.. . Je tiens le » fait pour constant. » (*Réquisitoire, Affaire de la Salette*, p. 377).

« Attendu que... la Cour, ayant dans les documents » versés au procès tous les éléments nécessaires, ce n'est

» pas là le cas d'ordonner des enquêtes... ; mais qu'il y » a lieu, au contraire, de refuser cette preuve comme » frustratoire et inutile. » (*Arrêt de la Cour*, *Affaire de la Salette*, p. 382.)

Voilà la vérité judiciairement établie. Entre l'affirmation de M. Gillos et votre dénégation, il est constant que M. Gillos dit vrai. Vous dites donc un mensonge, et alors que vous vous affublez des livrées du mensonge pour crier à la calomnie, c'est vous, monsieur, vous seul, qui êtes le calomniateur ; le mot est écrit de votre main, votre plume l'a buriné, votre conscience l'a choisi : savourez les douceurs de votre triomphe !

Je n'ajouterai pas, comme vous, à cette qualification de calomniateur que vous vous êtes infligée de votre propre main, l'épithète qui se lit dans votre lettre, et que jusqu'à ce jour je n'avais jamais lue sous une plume honnête. Je ne vous dirai donc pas : « *Vous êtes un indigne calomniateur*, » cette licence ne va pas à ma nature. Jésus-Christ, votre maître et le mien, ne se l'est pas permise à l'égard de Judas, qui le vendait ; il est vrai que Jésus-Christ venait asseoir sa religion et son Évangile sur la vérité, la douceur, la charité. Aspireriez-vous à asseoir votre Salette sur le mensonge, l'insulte et la persécution ? Vous devez le savoir mieux que personne, vous, monsieur, le premier supérieur des missionnaires de la Salette.

Le ministère public, l'arrêt de la Cour ne se sont pas bornés à statuer sur votre lettre et sur l'attestation de M. Gillos. Vous aviez votre phalange de témoins et leurs certificats ; j'avais mes témoins et leurs certificats aussi. Vos témoins étaient tous vicaires généraux, chanoines, curés, aumôniers ; les miens étaient de simples laïques; un seul prêtre avait joint sa voix à celle de M. Gillos en faveur de la vérité et de ma cause. Quelle appréciation a été faite des uns et des autres ?

Je commence par les vôtres, monsieur, à la page 377 (*Affaire de la Salette*). Le ministère public s'exprime ainsi sur leur compte :

« Je passe sous silence certaines attestations *manquant* » *de netteté et empreintes d'un regrettable esprit de réti-* » *cence ;* mais puisqu'il appartient au ministère public de » dire la vérité à tout le monde, je rappellerai que le » devoir de toute personne de qui on sollicite une décla- » ration est de *s'expliquer avec sincérité, sans ambiguïté* » *et sans détour*, et que ce devoir est imposé surtout *aux* » *hommes placés dans le monde* pour y donner l'exemple » de la droiture, de la loyauté, du respect de soi-même, » en un mot, de toutes les vertus. »

Ce langage, très digne dans sa modération, ne s'applique qu'à vos témoins, monsieur, et si par votre publication mensongère sur M. Cartellier, par votre lettre mensongère du 12 mai, vous ne m'aviez pas fait un devoir de me prémunir contre vos insinuations, vos altérations de la vérité, vos dénégations calculées, je respecterais la réserve fort délicate du sténographe qui a reproduit les débats et je m'inclinerais devant le texte que je viens de citer; mais, en l'état, je dois prévenir toute accusation nouvelle de votre part et rétablir, quoiqu'à regret, le texte pur des paroles prononcées par le ministère public; toute interprétation inexacte vous deviendra impossible.

Le texte pur est celui-ci pour la fin de la dernière phrase :

« Ce désir est imposé surtout à ceux qui ont l'HONNEUR » DE PORTER LA ROBE SACERDOTALE, et qui sont placés dans » le monde pour y donner l'exemple de la droiture, de la » loyauté, du respect de soi-même, en un mot, de toutes » les vertus. »

La magistrature, le barreau, un public nombreux, assistaient aux débats. Les expressions que vous me forcez de rétablir : « ceux qui ont l'honneur de porter la » robe sacerdotale, » ont été entendues de tous ; elles ne sont sorties de la mémoire d'aucune personne présente. Je ne crains pas de votre part une attaque sur ce point.

Mes témoins aussi ont eu leur tour. Dans quels termes en a parlé le ministère public ?

S'agit-il des laïques, voici son langage :

« J'accepte comme exacts TOUS les certificats exhibés » de Louise Chevallier, de Chavannes, de Mazet, de » Vial, etc. » (*Affaire de la Salette*, p. 377.) M. J. Favre, à son tour, « *s'incline avec respect devant M. de Ventavon.* » (*Affaire de la Salette*, p. 319.)

S'agit-il des prêtres, vous savez ce qui a été dit par rapport à M. Gillos ; lisez (p. 378) ce qui concerne M. l'abbé de Lemps ; c'est le ministère public qui parle :

« Ce qui dissipe d'ailleurs tous les doutes, c'est que » M. Gillos a fait part presque immédiatement de cette » conversation (de Sainte-Ursule) à plusieurs prêtres, » notamment à M. de Lemps. M. de Lemps le déclare. » Certes, messieurs, il serait difficile de trouver un » témoignage plus digne de confiance. M. de Lemps est » un homme sage, prudent, réfléchi ; il a vécu ici entouré » de l'estime, du respect, de l'affection de tous, et son » départ a été suivi d'un regret général. C'est un de ces

» prêtres qui doivent à leur excellente nature le privilége » de mettre la religion à la portée des gens du monde, et » de lui donner dans leur personne ces formes attirantes » dont l'heureux effet est de montrer que la piété et la » vertu sont non-seulement les meilleures des choses, » mais encore les plus douces et les plus faciles à pra- » tiquer. »

J'étais dans le vrai, monsieur l'abbé, en rapportant votre révélation de Sainte-Ursule; je ne produis comme témoins que les personnes les plus honorables dans le clergé, dans le barreau, dans le monde.

Vous étiez dans le faux en niant votre révélation, dans le délire de la passion en criant à la calomnie; vous ne produisez que des témoins s'égarant dans des sentiers perdus et partageant chevaleresquement votre défaite.

Permettez-moi, en présence de ces détails que vous m'avez contraint de rappeler, de vous demander s'il y avait sagesse de votre part à repousser un désistement fort modéré dans ses termes, et à appeler de nouveau sur votre tête, sur celle de vos témoins, l'éclat d'une discussion judiciaire.

Votre lettre du 12 mai 1856 est un mensonge; elle est de plus une calomnie insultante. Ce double point est établi judiciairement. Mettons en regard le dommage moral et matériel que vous m'avez occasionné par calcul en écrivant cette lettre, en la faisant ou en la laissant imprimer, et le texte précis de la loi, et voyons s'il n'y a eu de votre chef ni *faute*, ni *imprudence*, ni *négligence*; car dans l'un de ces cas la loi vous atteint, à moins toutefois que vous ne prétendiez être au-dessus de la loi.

TROISIÈME LETTRE.

Monsieur l'abbé,

Vous êtes Français, je le suis aussi. Notre France n'est pas dotée de concordats spéciaux à l'instar de l'Autriche et des Deux-Siciles ; nous sommes heureusement, vous et moi, tributaires des tribunaux civils ; nous sommes responsables de nos actes, selon les prescriptions de la loi commune à tous les citoyens.

Quelle est cette loi ?

Les articles 1382 et 1383 du Code Napoléon disposent que « celui par la *faute* duquel un dommage est arrivé à autrui est obligé de le réparer, alors même que ce dommage aurait été occasionné par *négligence* ou par *imprudence.* »

Ce texte est formel. Pour être obligé de réparer, il suffit que vous m'ayez porté dommage par votre *faute*, par votre *négligence* ou par votre *imprudence*.

Le 12 mai 1856, vous avez écrit une lettre que M. Jules Favre a publiée, pages 21 et 22, d'un écrit versé au procès de mademoiselle Lamerlière.

Quel est le caractère de cet écrit ?

M. Jules Favre avoue que sa publication remonte au mois de mai 1856 (*Affaire de la Salette*, p. 93), et il affirme en même temps que, sur la demande que je lui en ai faite, il m'en a envoyé un exemplaire dès le mois de juillet 1856.

M. Bethmont, mon avocat, rappelle à M. Jules Favre

(*Affaire de la Salette*, p. 247), 1° que celui-ci lui en a remis, mais pour lui seul, un exemplaire en décembre 1856 ; 2° que, *plus tard*, il l'a prévenu qu'il ne *répandait pas encore* cet écrit ; 3° que M. Bethmont n'a pas pu me le communiquer, même en janvier 1857, parce qu'il n'était pas *judiciaire ;* 4° que dès lors il est très inexact que j'en ai eu connaissance en juillet 1856.

M. Jules Favre m'a souvent, trop souvent accusé de mensonge, il a été impuissant à prouver que j'en avais commis un seul : pour lui, il débute par un mensonge que je constate, il poursuit par une série de mensonges que je constaterai, du moins en partie, dans mes lettres ; et il reste avéré que l'écrit publié en mai 1856 (par M. Jules Favre), répandu à profusion depuis cette époque (affirmation de M. Bethmont, prouvée par les faits et non démentie par M. Jules Favre), n'était pas un *mémoire judiciaire.*

Il n'était pas un mémoire judiciaire encore, et déjà depuis huit mois il inondait la France et l'étranger, il était expédié par milliers aux communautés religieuses, au clergé de tous les ordres ; vous-même, monsieur l'abbé, vous l'aviez reçu, vous le faisiez lire à vos amis, aux partisans de *votre chose ;* vous saviez donc que votre lettre y était insérée, que cette lettre répandait partout et à mon insu le mensonge, la calomnie, l'insulte brutale contre moi ; vous le saviez et vous n'avez pas réclamé ! Ce fait seul ne suffit-il pas à vous rendre responsable de cette publicité sournoise, intelligente, calculée ?

Le mensonge et la calomnie sont toujours une faute, de quelque personne qu'ils émanent, cette faute acquiert un caractère de gravité quand elle a pour auteur un prêtre ;

cette gravité s'accroît encore quand ce prêtre descend au mensonge, à la calomnie, à l'insulte pour tromper sur son propre compte la justice de son pays, pour égarer toutes les consciences, pour appeler les rigueurs de la loi sur un innocent qu'il affuble de la défroque qui lui appartient à lui-même.

Vous avez été ce prêtre-là, vous avez commis cette faute.

Vous avez joint à cette première faute une négligence coupable, une imprudence téméraire, en ne protestant pas contre la publicité d'un écrit qui n'était pas judiciaire, et qui, alors même qu'il l'est devenu (avril 1857), ne permettait pas à un vrai ministre de l'Évangile de laisser s'accréditer, sous son nom, le mensonge et la *calomnie indigne*, pour répéter votre noble langage.

La loi vous atteint sur ces trois chefs, *faute*, *négligence*, *imprudence*.

Elle vous atteint d'autant plus que votre lettre est la *pièce unique* imprimée dans l'écrit de M. Jules Favre ; elle est la base de toute son argumentation, comme elle a été celle de toute sa plaidoirie : vous avez posé le principe, vous avez fabriqué la cause ; les effets et les conséquences ne doivent-ils pas, par la force de la logique, remonter jusqu'à vous et vous envelopper ?

Commençons par l'écrit de M. Jules Favre, constatons page par page le dommage moral que votre mensonge seul m'a occasionné.

M. Favre publie, aux pages 21 et 22, votre lettre judiciairement convaincue de mensonge aujourd'hui ; elle se termine par ces mots :

« La conversation à laquelle M. Déléon fait allusion a

» été entièrement travestie par ce dernier, qui n'est, dans » cette circonstance, comme dans beaucoup d'autres, » qu'un INDIGNE CALOMNIATEUR. »

A la page 23, il burine ces phrases :

« M. Déléon a coté dix-sept faits, dont il a demandé à » faire la preuve par témoins. Nous avons donné la me» sure de son respect *pour la justice et la vérité* en lui » jetant à la face l'énergique démenti de M. Burnoud, » dont il ose compromettre le nom et le caractère.

» Tous les autres faits *sont de la même nature*. Aucun » ne peut être prouvé, parce que *tous sont mensongers.* »

Vous le voyez, monsieur l'abbé, je ne suis exposé aux coups de M. Jules Favre que parce qu'il a votre lettre sous les yeux, parce qu'il la publie avec votre consentement, parce qu'il la croit, à tort, très à tort, vraie et rigoureusement exacte.

A quels excès votre mensonge ne l'a-t-il pas poussé ?

Page 2. Il m'accuse d'avoir voulu « satisfaire de haineuses animosités. »

Il m'appelle « diffamateur, coupable d'une horrible calomnie. »

Page 3. « J'ai soulevé de scandaleux débats ; je suis l'auteur d'une criminelle invention, j'ai su que j'en imposais en la produisant ; j'ai cédé aux calculs de ma détestable passion. »

Page 4. « J'ai eu recours aux diffamations et aux injures. »

Page 5. « Mes livres sont sans moralité ; je suis un menteur. »

Page 6. « J'emploie toutes les ressources que peuvent me fournir les injures et les calomnies. »

Pages 10 et 11. « Je marche de diffamation en diffamation, de mensonge en mensonge ; je ne vise qu'au scandale. »

Page 12. « Je ne cesse d'altérer la vérité pour la suite de mes calomnies. »

Page 13. « Mon langage est un tissu d'impostures. »

Page 14. « J'ai sciemment travesti les faits. »

Page 17. « J'envoie aux gémonies les membres du clergé. »

Page 20. « Je recueille de toutes parts les justes témoignages de l'éloignement qu'inspirent mes indécentes récriminations. »

Page 21. « Je suis un impudent. »

Page 22. « Il me dénie toute bonne foi. »

Page 24. « Tous les faits que j'articule sont mensongers. Je n'ai pour moi que mon audace, ma persistance à calomnier, une facilité incomparable à couvrir l'imposture par l'imposture, à m'égarer par une inexplicable passion. »

Page 26. « Je mets le comble à la licence de mes absurdités. »

Page 29. « J'ai mensongèrement travesti les faits. J'ai commis un grossier et odieux mensonge. J'ai inventé une calomnie. »

Pages 30 et 31. « Je n'ai eu d'autre mobile qu'une honteuse passion. Je suis convaincu du plus détestable des mensonges. »

La page 31e termine l'écrit de M. Jules Favre. Là aussi s'arrêtent naturellement ses insultes. Aucune ne m'a blessé, car toutes ont été jugées pendant les débats devant la Cour, et toutes se sont trouvées, comme votre lettre, passionnées jusqu'à l'aveuglement, mensongères jusqu'au délire.

Sa plaidoirie a été tout entière dans le même goût ; elle n'est pas une discussion de faits, elle est « une avalanche d'insultes et d'outrages. » (*Affaire de la Salette*, p. 160.) Elle est une série « d'anathèmes furieux inspirés par des haines ardentes et lancés avec une colère d'emprunt. » (*Affaire de la Salette*, p. 162.) Elle est « l'injure en toge » (*Affaire de la Salette*, p. 187) , et M. Jules Favre, sans élever la moindre protestation contre ces reproches que lui a adressés. M. Bethmont, reconnaît (*Affaire de la Salette*, p. 272) que « la modération a été l'un des attributs éminents du discours de mon avocat. » Il reconnaît que « sa parole a été constamment éloignée de toute intention et de toute allusion blessantes. » Il rend hommage aux « qualités adorables qui font de lui, non-seulement une des gloires du barreau de Paris, mais encore un de ces trésors d'affection et d'indulgence qu'il est impossible d'approcher sans en subir la séduction. » Et en remontant à la page 271, il déclare que « l'illustre et éminent orateur qui, la veille, l'a accablé de ses bontés, a donné à tous une mémorable leçon dans l'art de bien dire, de *modérer* et d'élever tout à la fois sa pensée. »

En rendant cet hommage public à la modération, à la délicatesse de son confrère, M. Jules Favre a dû singulièrement regretter les écarts de sa plaidoirie. Ces écarts, votre lettre seule les a inspirés, comme déjà elle avait seule inspiré l'écrit de cet avocat.

Pour vous en convaincre, ouvrez l'*Affaire de la Salette*. Page 93. M. Jules Favre déclare « qu'il a considéré votre lettre comme une preuve irrécusable de mensonge de ma part. »

Page 101. Il affirme que « j'ai indignement travesti votre conversation. »

Page 102. Il se complaît à répéter que « j'ai reçu de vous le soufflet de calomniateur, » et que, vos témoins vous venant en aide, « je demeure atterré dans mon isolement. »

Page 319. Il trouve dans la déclaration de vos témoins « le plus éclatant démenti qu'il soit possible de me donner. » Et toutefois, comme cette déclaration avait été discutée la veille par mon avocat, il baisse bientôt le ton et se contente « d'y trouver au moins l'apparence de la vérité, » par cette raison qu'elle est l'œuvre de six témoins, et que je n'ai à lui opposer que la déclaration d'un témoin unique; enfin, il termine en déclarant, page 320, que « ces rapports de conversations plus ou moins altérées ne constituent que des commérages. »

Ces commérages, dont vous êtes le premier, le principal auteur, sont jugés aujourd'hui; ils sont votre fait et celui de vos témoins.

Dieu me garde de procéder à l'énumération entière des mensonges qu'ils ont occasionnés! un volume y suffirait à peine. J'en saisirai quelques-uns deçà, delà. Je rappellerai quelques-unes des réponses qui leur ont été faites par mon avocat. Les consciences honnêtes apprécieront.

Commençons, l'*Affaire de la Salette* en main, par M. Jules Favre.

Page 31. Les livres de M. Déléon « sont un amas d'indignes invectives et de diatribes calomnieuses, un odieux réquisitoire. »

Page 32. « Tous ceux, sans exception, qui ont favorisé la prière dans le sanctuaire élevé sur la montagne, sont, aux yeux de M. Déléon, des charlatans et des escrocs. Ils savent qu'ils mentent, et qu'ils mentent avec effronterie pour mettre dans leur poche l'argent des fidèles crédules dont ils égarent la piété. »

Page 34. « Le livre de M. Déléon n'est qu'une longue et véhémente diatribe, où, d'un bout à l'autre, le clergé est accusé d'imposture et de simonie. »

Page 35. Rien n'égale le « degré de violence et de bassesse auquel il est descendu. Détestable calomniateur, il déchire avec une fureur qui tient de la rage. »

Page 37. « Il va ramasser ses armes dans des sentines. »

Page 40. Il a obéi à « une pensée profondément perverse. »

Page 87. « Insultes, invectives, outrages, calomnies, calomnies encore, telle est la tâche de M. Déléon. »

Toutes les pages de cette longue plaidoirie se recommandent par quelques aménités d'aussi bon goût et par une accusation incessante de mensonge, d'imposture, d'invective, de travestissement, de diffamation; que sais-je?

A cette avalanche d'insultes, M. Bethmont a opposé le langage de l'honnêteté et de la modération. M. J. Favre ne l'a pas réfuté dans sa réplique. Écoutez M. Bethmont.

Page 187. « Il n'y a pas d'*injures* dans le livre de M. Déléon, mais il y en a eu contre lui *beaucoup aux pieds de la Cour*. Je crains bien que mon honorable confrère n'ait été doublement trompé. S'il avait connu les œuvres de M. Rousselot, assurément il n'aurait pas *fulminé avec tant de colère*. Vous lirez le livre de M. Déléon.

messieurs de la Cour, et vous vous convaincrez qu'il ne contient *aucune des injures qu'on a mises dans le débat et qui ne devaient pas y prendre place.* »

Page 186. « J'ai le regret de dire que dans le *Nouveau sanctuaire à Marie*, de M. Rousselot, on trouve à chaque ligne les épithètes les plus injurieuses, les expressions les plus blessantes : *infâme calomniateur*, *faussaire*, *harpie*, *valetaille de l'opposition, et une foule d'autres aménités* que je pourrais citer ; mais à quoi bon ? Je déplore ces choses. »

Page 167. « C'était un scandale de paroles et d'injures abominables pour exprimer de prétendues saintes pensées. »

Page 106. « Si la religion devait recevoir quelque atteinte de ce conflit, soyez-en bien persuadés, messieurs, ce ne serait pas aux incrédules, ce serait aux croyants qu'il faudrait s'en prendre. »

Page 184. « M. Déléon a bu jusqu'à la lie le calice amer qu'on lui a présenté. »

Page 160. « Depuis deux jours, M. Déléon est accablé sous une avalanche d'insultes et d'outrages. »

Page 191. « M. Cartellier, dans ses lettres, exprime si douloureusement la situation qui lui a été faite, la violence qui lui a été imposée, *sous menace d'interdit*, que mon honorable confrère, s'il lisait ces choses, serait lui-même touché, indigné de l'excès d'oppression qui pèse sur les membres inférieurs du clergé. Il verrait qu'il faut que nous étendions les mains sur ceux des prêtres qui ne sont pas encore *perindè ac cadaver*, et que nous protestions contre la tyrannie qui s'exerce sur leur conscience. »

Page 192. « Je dirai à M. Déléon, non pas comme je l'ai entendu dire : Vous êtes....., oh! je ne veux pas répéter toutes ces expressions, elles étaient si douloureuses à entendre! Non, non, ne le craignez pas, mon cher confrère; je ne viendrai point reproduire contre vous, dans ma réponse, tout ce que vous avez dit contre moi aux audiences d'hier et d'avant-hier; j'aime mieux imiter l'exemple de celui qui a dit : Aimez-vous les uns les autres. »

Page 203. « Rien ne porte plus le caractère de recherche historique, que l'étude à laquelle MM. Déléon et Cartellier se sont livrés. »

Page 204. « Je reconnais le bon prêtre, le croyant, l'homme attaché à sa foi, dans cette lutte qu'il engage avec persévérance et énergie contre ce qu'il croit un mensonge accrédité dans l'opinion publique. » — Lorsque nous apercevons, nous qui avons les enseignements de l'histoire, tout ce qu'ont pu faire de mal à cette grande religion du Christ l'invention, la fourberie, la prodigalité de miracles, tant de prodiges insensés, tant de superstitions introduites pour altérer la pureté de son culte; quand nous voyons apparaître de nouveaux miracles, une protestation énergique doit s'élever dans tous nos cœurs contre ces miracles apocryphes, auxquels se rattachent des abus de tous les genres..... C'est un devoir pour tout bon catholique, pour tout homme sincère et loyal, de courir sus à l'erreur quand il la rencontre. »

Enfin page 269. « Il y a pour la Cour facilité de faire la preuve, de l'ordonner, pour se convaincre que M. Déléon a été *sincère* dans *toutes* les affirmations qu'il a faites, etc. »

Oui, monsieur l'abbé, quoiqu'il ait plu à M. J. Favre de m'accabler comme un imposteur à outrance, j'ai été sincère dans toutes mes affirmations ; lui-même l'a-t-il été?

Page 151, il m'accuse d'avoir volé une pièce au dossier qui me fut communiqué en 1re instance, d'avoir par cette soustraction « corroboré mes mensonges. » Il affirme que « je n'ai pu avoir recours qu'à un moyen désavoué. »

Page 273. Il est réduit à avouer, après l'explication de mon avocat, que cette accusation odieuse est imméritée, que la pièce n'a pas été communiquée en 1re instance, qu'il a accueilli trop légèrement des renseignements trompeurs ; il me fait réparation publique.

Page 96. Il m'accuse de lui avoir écrit des lettres de menaces, il offre sa large poitrine à toutes les flèches de mon carquois. — Interpellé (page 158) par mon avocat d'exhiber cette lettre de menaces, il affirme de nouveau qu'il l'a reçue, qu'il l'a laissée à Paris ; il promet de la communiquer et de dégager sa parole. — Quatre mois se sont écoulés déjà, la parole de M. J. Favre n'est pas dégagée ; elle ne peut pas l'être, cette prétendue lettre n'existe pas.

Page 33. « Il affirme que le voyage de monseigneur de Bonald à Grenoble *n'était pas annoncé*. — Page 192. Il renouvelle cette assertion dans sa réplique. — Et les journaux de Grenoble, sur l'information qu'ils avaient reçue de l'évêché, avaient annoncé huit jours à l'avance ce voyage et le motif qui appelait le cardinal auprès des bergers. »

La mystification infligée à monseigneur de Bonald est un fait avéré.

Page 45. « Il suppose l'existence de je ne sais quels conciliabules, dans lesquels on aurait discuté une folle, deux vagabondes, et enfin choisi mademoiselle Lamerlière pour lui infliger l'honneur d'avoir fait l'apparition de la montagne; — et ces conciliabules n'ont existé que dans l'imagination de ceux qui l'ont fait accroire à M. J. Favre; aussi n'a-t-il pas tenté de les prouver. »

Page 58. Il affirme que mon ouvrage *La Salette devant le Pape est anonyme.* — Page 82. Il affirme le même fait par rapport à la *Conscience d'un prêtre.* — Et il a en main, dans le moment même, sous les yeux de la Cour devant laquelle il plaide, ces deux ouvrages revêtus de ma signature.

Page 91. Il lit, dans ma première publication de 1852, que je fais « expédier Mélanie en Angleterre, afin de la soustraire à ses imprudences. » — Et je ne dis pas un seul mot de cela, non-seulement dans cette première publication, mais encore dans la deuxième, qui est de 1853. J'indique, au contraire, qu'à cette époque Mélanie était à Corenc, près Grenoble, et à Grenoble.

Page 93. Il assure m'avoir communiqué son mémoire dès le mois de juillet 1856. — Et en décembre 1856, janvier 1857, il prie M. Bethmont de ne pas me le communiquer encore. (*Affaire de la Salette*, p. 247.)

Page 93, encore. Il plaide que, n'ayant pas d'avocat, j'ai sollicité des remises qui nous ont conduits jusqu'aux derniers jours d'avril. — Et c'est lui-même qui a sollicité ces remises, pour laisser à mademoiselle de Lamerlière le temps de retirer et de lui remettre une somme qu'elle ne pouvait recevoir que fin février. M. J. Favre n'a pas pu oublier la correspondance qu'il échangeait à ce sujet avec madame Labaume.

Page 119. « En preuve de mon inexactitude systématique, il prétend que, contrairement à ce que j'ai imprimé, le beau-frère de mademoiselle de Lamerlière n'est général que depuis 1852 ; — et en 1848, il commandait à Grenoble, comme général, la première brigade de l'armée des Alpes. »

Page 121. Il exhibe l'attestation d'une dame Grenier que j'ai, dit-il, nommée dans mes ouvrages comme ayant confectionné les costumes de mademoiselle de Lamerlière, — et aucun de mes ouvrages ne désigne cette dame.

Page 122. Il prétend que *j'ai appelé* moi-même en officialité un témoin, M. Genard.

Page 290. Il reconnaît que ce témoin n'a pas été appelé par moi ; mais il persiste à lui prêter une déposition inexacte, et lit à ce sujet quelques lignes de *La conscience d'un prêtre*. — Pour réparer cette erreur persistante de M. Jules Favre et rétablir la vérité, il me suffit de poursuivre la lecture du passage sur lequel cet avocat avait basé son accusation. (*Affaire de la Salette*, p. 359.)

Page 126. Il veut bien reconnaître qu'en imprimant dans son mémoire que la distance à franchir en vingt-quatre heures par mademoiselle de Lamerlière, était de 200 kilomètres, alors qu'elle se réduisait à 125, il s'est trompé de quelques kilomètres : — 75 sur 200, n'en déplaise à M. Jules Favre, est une très grosse erreur quand il s'agit d'un parcours à faire en un temps très court.—Mais il ajoute que, « cité au tribunal de la raison, de la dignité humaine, même au tribunal de Dieu, pour une erreur de quelques kilomètres, cela lui importe peu. » La raison, la dignité humaine, Dieu, sont pour M. Jules Favre des considérations aussi secondaires, aussi insignifiantes qu'il le voudra, c'est son affaire ; mais où, quand, par qui a-t-il été cité à leurs tribunaux divers ? C'est ce qu'il n'a garde de dire, il ne le pouvait pas. Ces idées, de forme neuve, lui appartiennent exclusivement.

Page 128 et suivantes. Il plaide l'impossibilité de l'apparition d'une personne naturelle.

Page 233. M. Bethmont se refuse à la discussion « de cette opinion qui *affirme l'apparition, le miracle de la Salette ; il la laisse tout entière* à son adversaire. »

Et page 376. Le ministère public, en considérant comme inutile « de livrer l'opinion d'un magistrat aux commentaires de la rue, » ajoute : « Mais puisqu'on a tiré argument de la trivialité du langage que l'Apparition aurait tenu aux bergers de la Salette, j'en tire aussi la preuve que ce n'est pas mademoiselle de Lamerlière qui a parlé ; elle aurait pris un autre style, sa phrase aurait eu quelque chose d'emphatique et de pompeux. »

Rien n'est plus clair que cette appréciation, la trivialité du langage de l'Apparition ne permet pas de l'attribuer à mademoiselle de Lamerlière : — donc l'Apparition qu'il plaît à M. Jules Favre de considérer comme miraculeuse, ne sait pas même parler comme mademoiselle de Lamerlière. Suis-je bien coupable en professant que la sainte Vierge a au moins la science de mademoiselle de Lamerlière, et que, par respect pour elle, on ne peut pas lui imputer l'Apparition burlesque de la montagne ?

Page 153. Il m'accuse « d'avoir désigné à l'insulte publique mademoiselle de Lamerlière, cette malheureuse fille dont la sécurité est aujourd'hui troublée. » Selon lui, « il est de notoriété qu'après mes livres sa sécurité a été menacée, qu'elle a été chassée de Grenoble par la populace. » A l'appui de cette accusation, il fait intervenir commissaire de police et maire de Grenoble pour conjurer un danger dont personne, sans excepter maire et commissaire de police, n'avait eu connaissance à Grenoble. — Et mademoiselle de Lamerlière avait répondu par avance à M. Jules Favre, dans cette lettre qu'elle avait adressée à monseigneur Ginouilhac, dont elle avait envoyé copie à M. Pelletan, rédacteur du *Siècle*, avec prière de la publier, qui avait été remise par celui-ci à M. Bethmont, que M. J. Favre avait sous ses yeux, qu'il m'avait reproché si témérairement d'avoir volée : — « Monseigneur, je dois vous dire que si d'ici à huit jours » je n'ai pas reçu de votre part, et de vous-même, par » écrit et en termes non équivoques, la certitude que » satisfaction complète et en forme me sera concédée, » je me pourvoirai à l'autorité pour obtenir l'autorisa» tion de vous *appeler à la barre du tribunal*, où j'ai déjà » donné rendez-vous à l'abbé Déléon, au curé Cartellier, » et à d'autres, à qui je reproche des plaisanteries de » fort mauvais goût, GRIEF FORT ANODIN auprès des *outra-* » *ges gratuits dont vous m'avez accablée*, Monseigneur. » (*Affaire de la Salette*, p. 228.)

Personne ne peut savoir aussi bien que mademoiselle de Lamerlière à qui elle doit imputer les paroles plus ou moins vives qui se murmurent à ses oreilles ; elle l'indique à son avocat, qui n'en tient aucun compte. Est-ce bien, je vous le demande, une discussion sérieuse ?

M. Jules Favre a été plein de ménagements pour

M. Cartellier, et je l'en remercie, à peine a-t-il parlé de lui en termes d'ailleurs assez doucereux, deux ou trois fois; c'est contre moi seul qu'il a dirigé toutes ses batteries, tout en protestant (p. 277) qu'il était l'avocat de mademoiselle de Lamerlière, et en confessant à demi (p. 279) qu'il était aussi celui du clergé. Je complète ce demi-aveu. Les ménagements dont M. Cartellier a été l'objet sont dus à une lettre écrite par M. Rousselot à M. l'abbé de Luzy, à Paris, avec prière à celui-ci d'intervenir auprès de l'avocat et d'obtenir de lui que M. Cartellier, à raison de son repentir, fût traité avec beaucoup de bienveillance; que je fusse, au contraire, à raison de ma persistance, accablé et écrasé.

La prière de M. Rousselot a été entendue, entendue à ce point, qu'à la page 49 M. Jules Favre me reproche presque comme un crime d'avoir omis la particule qui précède le nom de mademoiselle DE Lamerlière, me revendique ce DE avec colère et va jusqu'à prétendre que j'ai commis *cette inexactitude volontaire* afin de *rabaisser* sa cliente.

Je signale ce reproche aristocratique, je me contente d'engager M. Jules Favre à jeter les yeux sur les registres des actes publics : il y trouvera sa cliente enregistrée sous un nom essentiellement démocratique, je ne me suis pas procuré le malin plaisir de l'indiquer.

Au milieu de toutes ces altérations de la vérité, dont je suspens la fastidieuse énumération, venons à un point plus vif.

Page 283. M. Jules Favre, avocat du clergé, affirme qu'*il a vu, de ses yeux vu la sentence d'interdit prononcée contre moi le* 30 *janvier* 1852. Il demande *si je veux qu'il la lise publiquement.* Il ajoute que *je n'ai qu'un mot à dire.* Je prononce le mot, je relève le gant; M. Jules Favre, au lieu de procéder à cette lecture dont il me menaçait, bat en retraite, il annonce que *ce document est consigné dans le registre de l'Officialité, que M. le président pourrait envoyer chercher :* je réclame publiquement la production de cette pièce. M. Jules Favre achève son mouvement de retraite, et au lieu de lire ce jugement d'*Officialité qu'il avait vu, de ses yeux vu*, qu'il disait avoir en main; au lieu de répondre au défi qu'il m'avait porté, que j'avais accepté résolûment, il confesse que cette *sentence a été prononcée par voie de simple rescrit épiscopal.*

M. J. Favre a parlé, beaucoup parlé de circonstances providentielles. N'en trouvez-vous pas une, monsieur l'abbé, dans cette affirmation hardie, téméraire de votre avocat réduit, sur ma simple interpellation, à rectifier son langage accusateur, à semer lui-même le doute sur toutes ses assertions?

Un interdit est une chose grave, très grave. Je veux vous rappeler dans ma prochaine lettre l'enseignement de l'Église, la rigueur des canons disciplinaires et des règles théologiques sur ce point vital qui a été le texte incessant de M. J. Favre. Permettez-moi, comme couronnement de la petite revue que je viens de vous soumettre, de vous demander si c'est par des moyens semblables que votre avocat a prétendu prouver que « le mensonge lui faisait horreur, de quelque part qu'il vînt » (p. 290), et acquérir le droit de poser cette maxime: « Quand on est mû par la défense de la vérité, par l'intérêt de la religion, on ne s'abaisse pas aux injures ; on ne se complaît pas à clouer au pilori les personnes les plus respectables. » (*Aff. de la Salette*, p. 40.)

Quel est, je vous le demande, celui de nous deux qui, passant toujours à côté de la vérité, s'est abaissé aux injures, s'est complu à clouer au pilori ses adversaires ?

Il a trouvé, et c'est là une de mes consolations, des adversaires dans quiconque ne me condamne pas systématiquement. Les juges de première instance « avaient rencontré dans les éléments de la cause, dans les faits établis, des indices, des preuves que mademoiselle Lamerlière avait rendu vraisemblables les accusations que j'avais dirigées contre elle. » M. J. Favre le rappelle dans les termes que je cite, « s'élève de toutes ses forces contre une solution semblable, et déclare que de *pareilles transactions sont indignes de la justice.* » (*Aff. de la Salette*, p. 116.) Le mot *indigne* est décidément en faveur auprès des apôtres de la Salette, et comme la Cour a, par son arrêt, adopté les motifs des premiers juges, et confirmé purement et simplement leur jugement, il s'ensuit qu'elle aussi a pratiqué des *transactions indignes de la justice.*

Cette opinion serait-elle la vôtre ?

Une lettre, dans le genre de celle du 12 mai 1856, circule-t-elle déjà sur ce point dans le monde de la Salette ?

QUATRIÈME LETTRE.

Monsieur l'abbé,

On l'a dit, on l'a répété dans le cours des débats, l'interdit est une flétrissure; mais l'interdit tel qu'il est prévu, formulé par le droit canon, par les règles théologiques, et non point tel qu'il plaît à l'arbitraire, au calcul, à je ne sais quel motif humain de l'imaginer et de le fulminer. Le premier est la juste peine d'une faute volontaire, d'un acte coupable et prévu; le deuxième est un abus de pouvoir. Le premier emporte avec lui le devoir d'un amendement de la part de celui qui est frappé; le second ne saurait imposer l'amendement d'une faute qui n'existe pas.

Rappelons rapidement les principes; les faits nous diront assez si l'on en a fait envers moi une application exacte.

Le prêtre est un citoyen qui, en entrant dans le ministère ecclésiastique sans perdre sa qualité de citoyen, s'oblige à donner constamment et toujours l'exemple de vertus exceptionnelles ; mais comme il est l'homme de l'Église, comme il ne peut remplir la mission délicate qu'il a choisie, dont l'Église l'a jugé digne, qu'en conservant son nom pur et sa réputation intacte ; comme un interdit suffit à compromettre sa réputation, l'Église a tracé les règles qui fixent le devoir des supérieurs, le droit des inférieurs ; elle a indiqué les fautes qui motivaient un interdit légitime, les formalités à remplir pour qu'il fût fulminé validement. Elle a voulu, par ces mesures de sagesse, que la réputation d'un de ses prêtres ne pût être compromise que *par son fait*, *en connaissance de cause*, et non par surprise ; de là la double obligation qu'elle impose, qui est consignée dans toutes les théologies, qui est inscrite dans le droit canon, qui a toujours été pratiquée :

1° De ne jamais interdire sans avis préalable ;

2° De n'interdire que pour une faute grave, mortelle, et dans laquelle on persiste après avertissement.

Ni l'une ni l'autre de ces conditions n'a été observée avec moi.

1° Je n'ai reçu aucun avis préalable (*Aff. de la Salette*, p. 171, 173, 174, 365).

2° Je n'étais pas en état de faute grave, mortelle et persistante. En 1852, j'étais absolument dans la même situation qu'en 1848 ; je ne l'avais modifiée sur aucun point. Depuis 1848, j'avais pour commensaux, pour visiteurs de tous les jours, les vicaires généraux, les chanoines, les curés, les prêtres du diocèse et de la ville. Comment tout à coup, pendant que je suis à Paris, une situation que l'administration épiscopale tout entière a caressée chaque jour a-t-elle pu devenir un crime assez odieux pour faire fulminer un interdit sans aucun avis antérieur ? Comment cét interdit, à l'aide des précautions prises, est-il porté à la connaissance de tous, excepté à la mienne ? Comment M. Rousselot, son instigateur, reconnaît-il, en présence de M. de Ventavon, que cette mesure est regrettable et qu'il y a lieu de la retirer ? (*Aff. de la Salette*, p. 171.)

Le motif véritable est acquis aux débats. Mon refus de

parler en faveur du miracle de la Salette, le désir de complaire à un haut fonctionnaire dont je contrariais la candidature électorale, voilà mon crime, je le confesse, et je n'en ai nul repentir.

Les lettres imprimées pages 171 et 174 de l'*Affaire de la Salette* sont très explicites et ne se bornent pas du tout à indiquer que je n'ai pas reçu d'avis préalable (p. 365), ou que l'interdit n'a pas été motivé (même page).

Il vous a plu, monsieur l'abbé, faire remonter cet interdit à mon séjour à Villeurbanne ; vous l'avez dit et répété à maintes et maintes personnes de Mézieu, cette paroisse que vous habitez aujourd'hui, et dans laquelle je compte plusieurs amis ; vous induisiez en erreur, monsieur, et, permettez-moi de vous le dire, cela n'est pas sacerdotal, car cela tient à la calomnie, à la diffamation, et cette diffamation est jugée par une autorité que vous ne récuserez pas, celle de votre évêque.

Vous aviez été devancé dans cette voie déplorable par un de vos voisins, le curé de Vaulx-en-Velin ; je m'en plaignis immédiatement. La Salette n'avait pas pris encore les proportions qu'on a développées depuis, et à la date du 29 septembre 1853, c'est-à-dire dix-huit mois après que l'interdit avait été fulminé, M. Chambon, vicaire général, m'écrivait :

« Mon cher ami,

» Je me suis empressé de porter tes réclamations à
» Monseigneur. Il s'est montré très mécontent des pa-
» roles, en effet *très condamnables*, attribuées à l'abbé
» Clavel. Elles sont tout à la fois contre la charité et
» *contre la vérité.* Il est *notoirement faux* que tes embarras

» de Villeurbanne *t'aient jamais attiré aucune peine cano-
» nique*.

» Voilà, mon cher ami, ce que Monseigneur m'a chargé » de te répondre. Je veux y mêler la sincère expression » de la peine profonde que j'éprouve de toutes tes souf- » frances; je les partage en ami, et je ne manquerai au- » cune occasion de pouvoir contribuer à les adoucir.

» Tout à toi,

» CHAMBON, vicaire général. »

M. Chambon avait certainement oublié cette dernière phrase le 30 avril dernier.

M. le vicaire général Orcel m'écrivait de son côté, le 5 octobre 1853 :

« Monsieur,

» Je suis heureux de vous dire que l'interdit qui avait » été porté contre vous *n'avait aucun rapport à votre séjour » à Villeurbanne*. Je ne comprends donc point les paroles » qui auraient été proférées à cet égard, et je ne puis » croire qu'elles aient été prononcées.

» Veuillez agréer cette expression bien sincère des » sentiments respectueux et dévoués avec lesquels je suis,

» Monsieur et très cher professeur,

» Votre très humble serviteur,

» ORCEL, vicaire général. »

Vous le voyez, monsieur l'abbé, votre langage est jugé, est condamné d'avance par l'administration diocésaine tout entière; l'interdit a trait à mon séjour à Grenoble et pour les motifs exposés, prouvés aux débats.

Dans ma conviction profonde, un prêtre interdit ne

peut être relevé dans l'opinion publique que dans le cas où l'autorité supérieure reconnaît qu'en décernant cette peine canonique elle a procédé par surprise ou par erreur, car, dans cette condition seule, l'interdit n'est pas une flétrissure, l'honneur de celui qui l'a subi reste sauf, et il peut continuer sa mission religieuse et morale dont il est toujours resté digne.

Si l'interdit n'a pas été fulminé dans les formes canoniques, l'administration supérieure ne peut pas reculer devant une réparation qui est pour elle un devoir de conscience. Si elle recule, elle ajoute une faute à une faute, et comme les gens du monde, même les plus indépendants et les plus éclairés, sont peu portés à étudier les affaires cléricales, comme ils trouvent que c'est toujours une mauvaise note que d'être prêtre interdit, que c'est même, dans l'opinion commune, une sorte de flétrissure (*Affaire de la Salette*, p. 365), le devoir impérieux du prêtre injustement et anticanoniquement interdit est de réclamer réparation; si elle lui est refusée, son devoir s'agrandit, et pour sauver son honneur et rester aux yeux de tout ce qui est honnête un citoyen honorable, il doit démontrer l'erreur dont il a été victime, et, si on l'y contraint, remonter aux causes qui ont déterminé cette erreur, les mettre à nu sans aucune altération de la vérité, il se relève alors comme citoyen, car l'opinion publique, éclairée, ne peut plus s'incliner aveuglément devant la parole de ceux qui l'ont frappé indûment comme prêtre.

Je le répète, dans ma conviction profonde, voilà le droit, voilà le devoir.

J'ai exercé ce droit, j'ai rempli ce devoir, et je l'ai fait avec une réserve qu'on tenterait vainement de dénier.

L'interdit est du 30 janvier 1852.

Un interdit est une mesure grave ; cette mesure n'est pas communiquée à M. Berthier, premier vicaire général et clef de voûte de l'administration de monseigneur de Bruillard.

Il est tous les jours à l'évêché ; on n'ose pas lui en parler de vive voix, on lui écrit le 13 février, il déplore cet abus de pouvoir.

Le 5 avril, M. Rousselot, instigateur de cet interdit, reconnaît que cette mesure est regrettable et qu'elle doit être rapportée (*Affaire de la Salette*, p. 171).

Au mois de mai il n'ose pas avouer l'existence de cette mesure, et il dit aux ecclésiastiques de la ville et de la campagne que je n'ai pas été interdit (lettre du curé de Jonage, 3 juin 1852).

L'interdit ne se rapporte pas ; j'adresse à M. Rousselot une lettre imprimée, qui discute son interdit en droit et en fait, et je lui donne huit jours, quinze jours pour me signaler toute erreur, tout raisonnement qui ne lui paraîtrait pas rigoureux, avec promesse de modifier ma lettre selon ses observations. Je le préviens que, s'il garde le silence, je procéderai à l'étude de la Salette.

M. Rousselot se tait, je publie ma lettre le 8 juillet.

Fin août je fais paraître le premier volume de la *Salette-Fallavaux*. Je n'y dis pas un mot de moi, je discute théoriquement le miracle et les bases sur lesquelles il repose.

Le 1er septembre, une lettre épiscopale, insérée dans l'*Univers*, qualifie ce volume d'*œuvre de ténèbres qui renferme autant de mensonges que de mots*.

M. Rousselot publie son *Nouveau sanctuaire à Marie ;*

il m'appelle *faussaire*, *harpie*, *hérétique*, *valetaille de l'opposition*, *âne*, et je ne sais quoi encore.

Je publie de mon côté le deuxième volume de la *Salette-Fallavaux;* je me garde bien d'emprunter à M. Rousselot son style et sa riche imagination, mais je démontre, par les aveux consignés au *Nouveau sanctuaire à Marie*, que toutes mes affirmations, au lieu d'être un mensonge, sont une vérité, et prenant un à un les considérants sur lesquels le mandement doctrinal, œuvre de M. Rousselot, fondait le miracle de la Salette, je prouve que tous sans exception passent à côté de la vérité. Le mensonge était ailleurs que sous ma plume.

Une nouvelle administration surgit, l'interdit est levé *sans condition* (*Affaire de la Salette*, p. 171).

Cette réparation donnée un an plutôt, ainsi que M. Rousselot en confessait le devoir, le 5 avril 1852, chez M. de Ventavon, aurait prévenu une explosion qu'un déni de justice m'a seul contraint à faire.

Voilà la vérité vraie, monsieur l'abbé ; ne tentez plus de donner le change par vos insinuations, vous iriez vous briser contre des faits; les faits, vous le savez, sont d'une trempe qui résiste à toutes les passions.

Un deuxième interdit est venu m'atteindre le 30 septembre 1854, il est aussi peu canonique que le premier, voici pourquoi :

En août 1854, M. Cartellier, le prêtre au sujet duquel vous avez commis votre premier mensonge par la voie de la presse, imprime et expédie à l'épiscopat et au clergé son *Mémoire au Pape sur la Salette*.

Le mois suivant j'imprime pour Rome, l'épiscopat et le clergé mon ouvrage *La Salette devant le Pape*.

Ces deux ouvrages ne *faisaient qu'une chose*, comme M. Cartellier et moi ne *faisions qu'une personne*. (Lettre de M. Cartellier, 17 juillet 1854.)

Voilà donc un fait commun à l'un et à l'autre, également répréhensible contre tous les deux, ou également innocent pour tous les deux.

Supposez-nous placés, l'un et l'autre, dans les plateaux correspondants d'une balance juste, exacte, honnête.

Les deux plateaux s'équilibrent par le poids égal du fait qui nous est commun.

Dès l'apparition de mon livre on dit à M. Cartellier : « *Vous êtes interdit* si vous n'assignez pas immédiatement M. Déléon comme auteur, à votre insu, de l'impression et de la divulgation de votre *Mémoire au Pape*. »

Cette impression et cette divulgation sont mon ouvrage, répond M. Cartellier (lettre du 30 décembre 1854); n'importe! vous l'ordonnez, j'obéis.

L'assignation se donne, le plateau de la balance qui supporte M. Cartellier baisse de tout le poids de ce mensonge judiciaire ; le plateau qui me porte, plus léger de tout ce poids, se relève d'autant.

Cinq mois s'écoulent, on revient à M. Cartellier et on lui dit : — Vous êtes interdit si vous ne déclarez pas par écrit que vous *désavouez et condamnez* tout ce qui est *inexact ou faux* dans votre *Mémoire au Pape*.

Je ne connais rien qui soit faux ou inexact, reprend M. Cartellier.

N'importe encore! écrivez ou vous êtes interdit.

M. Cartellier écrit, son plateau baisse de nouveau, de tout le poids de cette inexactitude ; le mien se relève d'autant.

Cela ne suffit pas, lui dit-on encore, déclarez par écrit que « vous avez attaqué le *fait de l'apparition*, mais que vous n'avez pas voulu attaquer la *dévotion* de la Salette.»

Cette dévotion est fille de l'apparition comme l'eau de la Salette, à laquelle on attribue le privilége « de guérir tous les maux du corps, de convertir les pécheurs invétérés alors même qu'ils n'ont pas la foi, » ne peut posséder ces vertus que par l'apparition vraie, réelle de la sainte Vierge. — Ce qu'on demande, ce n'est pas une discussion religieuse, c'est une soumission sans réserve : Écrivez ou vous êtes interdit !

M. Cartellier écrit, son plateau baisse une troisième fois de ce poids énorme ; le mien monte de toute la hauteur du fléau de la balance, tant il est devenu léger !

Je suis interdit, M. Cartellier ne l'est pas.

Quelle est entre nous la différence ?

Nous avons débuté par un seul et même acte. Je m'en suis tenu là.

Il a ajouté à cet acte un mensonge judiciaire, *sous peine d'interdit*.

Il a déclaré, contre sa conviction, qu'il avait été faux ou inexact dans son *Mémoire au Pape*, et cela *sous peine d'interdit*.

Il a déclaré qu'il n'avait pas attaqué l'apparition de la Salette, quoique la moitié de son mémoire soit une attaque directe contre l'apparition, et cette déclaration il la fait encore *sous peine d'interdit*.

Ces trois faits, si déplorables, sont-ils donc des circonstances tellement atténuantes, qu'elles suffisent à blanchir M. Cartellier de tout reproche canonique par rapport à l'acte qui nous est commun, pendant que pour ce même acte, pour cet acte seul (Mandement du 30 septembre, art. 14), je serai coupable jusqu'à mériter d'être interdit?

Est-ce là, je vous le demande, l'interdit moral, disciplinaire, réparateur d'une faute mortelle, tel que l'Église l'a déterminé?

Et si vous songez qu'un tel interdit, dans de telles circonstances, a été publié à son de trompe dans les six cents églises du diocèse de Grenoble, a été reproduit en entier par des journaux de sacristie, le *Courrier de l'Isère* à Grenoble, l'*Univers* à Paris, vous comprendrez pourquoi, fidèle à mes principes, j'ai dû publier mon dernier ouvrage : la *Conscience d'un prêtre*, et signaler l'inégalité des poids et des mesures qui avaient servi à cette distribution de justice disciplinaire.

M. Jules Favre, après avoir cité la date de l'interdit, 30 janvier 1852, oubliant à dessein peut-être cette citation, oubliant encore que ma première publication est de septembre 1852, c'est-à-dire postérieure de huit mois à l'interdit, prétend (p. 287) que « j'ai été retranché du corps sacerdotal *par suite de mes indignes attaques.* » Et il trouve une preuve de ma culpabilité dans cette circonstance, que « je ne me suis pas pourvu auprès du métropolitain. »

Mais le 6 avril 1857 un arrêt du Conseil d'État a déclaré que l'évêque de Moulins s'était rendu coupable d'abus; sans doute les prêtres frappés par cet évêque étaient en droit de se croire forts pour réclamer et se pourvoir auprès du métropolitain ; ils l'ont fait. La réponse ne s'est pas fait attendre. Le métropolitain leur a dit que cela ne le regardait pas.

Je n'ai pas dû m'exposer à la même déclaration, et si

j'ai eu tort aux yeux de M. Jules Favre, c'est qu'à ses yeux aussi le Conseil d'État a mal jugé le 6 avril dernier.

Cette opinion serait-elle la sienne?

A la page 317 de l'*Affaire de la Salette*, M. Jules Favre disculpe M. Cartellier, dont « la soumission, dit-il, était un fait considérable, qui importait à la considération de l'épiscopat. » Je n'ai pas à discuter cette appréciation, j'ai à constater que saint Augustin a enseigné, aux applaudissements de l'Église entière, que « mentir dans l'enseignement de la religion est un grand crime..., qui bouleverse entièrement la discipline de la foi et anéantit l'enseignement de la religion. » Cette doctrine si pure, si conforme à l'Évangile, aurait-elle donc fait son temps?

M. Jules Favre incline à le croire. Il a loué cette soumission de M. Cartellier ; il blâme en termes très énergiques mon insubordination, ma rébellion, ma révolte contre la proclamation doctrinale du miracle, qui était un droit épiscopal, qui imposait à tout prêtre le devoir de la soumission. (*Aff. de la Sal.*, p. 26, 86, 156, 279.)

Dans cette opinion, le prêtre n'a droit qu'à la vie de *cadavre*, car la liberté de ne pas croire, que lui concède M. Jules Favre, jointe à l'obligation d'enseigner comme s'il croyait, est une amère dérision ; sa mission est abaissée au rôle de charlatan.

L'Église a voulu de tout temps que la vie du prêtre fût une vie de conscience, de vérité, d'honneur. Elle a déclaré que « les prêtres étaient *obligés* de résister à l'opinion erronée des évêques. »

Elle est allée plus loin. Dans son culte passionné pour

la vérité, elle a un fait *un devoir* à quiconque a assez de discernement et de science pour distinguer l'erreur de la vérité, de « s'opposer à la *propagation* d'une erreur, même lorsqu'elle est répandue par un évêque. » Elle a ajouté que « les prêtres y sont *plus strictement tenus* que les autres. » Voilà la doctrine constante de l'Église, rappelée textuellement par le plus savant de ses docteurs modernes, le cardinal de la Luzerne, dans son ouvrage *Des droits et des devoirs des évêques et des prêtres.*

Avec elle, l'erreur ne peut pas passer, puisque le prêtre est obligé de s'opposer à sa propagation, alors même qu'elle est accréditée par un évêque.

Avec la doctrine de M. J. Favre, l'erreur prévaudra fatalement, puisque le prêtre est obligé de la prêcher et de la répandre.

Rangez-vous sous les drapeaux de M. J. Favre, soyez cadavre, si cela vous plaît, monsieur l'abbé ; je veux rester fidèle aux drapeaux de l'Église et à ses doctrines. Je veux vivre de la vie de vérité, laissez-moi cette liberté ; laissez-moi vous dire encore que je préfère mille fois être interdit en dehors du droit pour avoir obéi aux instructions constantes, invariables de l'Église, que me voir affranchi de cet interdit à la condition que j'aurais été obséquieux :

1° Jusqu'à propager l'erreur ;

2° Jusqu'à intenter l'action judiciaire et menteuse de septembre 1854 ;

3° Jusqu'à signer, par faiblesse et contrairement à la vérité, la soumission du 26 février 1855 ;

4° Jusqu'à écrire la lettre mensongère du 12 mai 1856.

Le prêtre ami des principes ne les fait jamais fléchir.

Si sa résistance l'expose à de rudes épreuves, il les subit avec calme, et en attendant des jours meilleurs, il se console en se rappelant cette maxime française essentiellement sacerdotale :

« Tout est perdu, fors l'honneur ! »

CINQUIÈME LETTRE.

Monsieur l'abbé,

Le rappel très partiel des insultes proférées contre moi dans l'écrit et dans la plaidoirie de M. J. Favre fait assez ressortir le dommage moral que m'a occasionné votre lettre du 12 mai, puisque cette lettre a été le point de départ, la cause unique de ces attaques d'un nouveau genre. A ce dommage est venu se joindre un dommage matériel.

M. Bethmont avait accepté ma défense ; il reçoit, mais pour lui seul, communication de l'écrit de M. J. Favre, et le lit. Votre lettre est un de ses principaux ornements. A l'instant même il m'écrit (5 décembre 1856) : « N'indiquez pas à Grenoble que je suis votre avocat. J'ai besoin, avant de me charger définitivement de votre cause, que vous me donniez des raisons péremptoires contre la lettre de M. Burnoud et le démenti qu'elle renferme. Cette lettre est publiée dans un écrit qui deviendra judiciaire ; elle compromet votre procès, et en l'état je ne puis m'associer à votre défaite. »

Je réponds à M. Bethmont, et je signale le mensonge de votre lettre.

Il n'accepte pas mes explications; il ne peut pas croire que vous ayez menti à ce point.

Je reviens à la charge, je donne de nouveaux détails; ils ne convainquent pas encore M. Bethmont, qui me mande à Paris pour s'éclairer à fond sur votre lettre et prendre tel parti que lui dicteront mes diverses preuves.

Je fais le voyage de Paris, j'y séjourne plus de deux mois. Je parviens enfin à vaincre les irrésolutions de mon avocat, et je ne réussis qu'à l'aide de lettres nombreuses qui finissent par détruire l'impression produite sur mon esprit par votre lettre et par les diffamations qu'elle avait accréditées.

Le dommage matériel ressort des dépenses que vous m'avez occasionnées et de la suspension forcée de toutes mes affaires.

Résumons brièvement toute cette discussion.

Le 12 mai 1856 vous écrivez dans une lettre, seule pièce que reproduit avec ostentation un écrit répandu à des milliers d'exemplaires, — que j'ai été *un indigne calomniateur* non-seulement en rapportant une conversation que vous aviez échangée avec plusieurs prêtres, mais encore en *beaucoup d'autres circonstances.*

Cet écrit, comme la plaidoirie de M. J. Favre, a été, grâce à cette lettre, un feu roulant d'insultes, d'outrages, de diffamation et de mensonges à mon adresse.

M. Gillos, l'un de vos confidents, qui m'avait fait part de cette conversation, déclare par écrit qu'elle est très exacte.

La déclaration de M. Gillos, celle de mes autres témoins, est reconnue judiciairement vraie; vous et vos témoins avez donc passé à côté de la vérité.

Ce n'est pas seulement en justice, c'est en administration épiscopale que ce jugement est porté.

Aucun incident ne peut être plus ruineux pour la Salette que la connaissance publique de l'aveu fait par mademoiselle de Lamerlière au supérieur des missionnaires de cette montagne : « C'est moi seule qui suis le personnage apparu à Maximien Giraud et à Mélanie Mathieu, le 19 septembre 1846, sur la montagne de la Salette. » Car cet aveu croule le miracle, la vertu de l'eau, la légitimité de la dévotion de la Salette.

M. Gillos apprend au public, apprend à la justice que vous avez reçu cet aveu, que vous le lui avez confessé ; et en présence de votre dénégation il persiste. La justice reconnaît qu'il dit la vérité.

L'administration épiscopale ne lui inflige aucune peine pour cette révélation.

Vous, au contraire, monsieur, vous étiez supérieur des missionnaires de la Salette quand vous imprimiez un premier mensonge sur M. Cartellier. Ce mensonge servait la cause de la Salette, vous êtes resté supérieur de vos missionnaires.

Vous l'étiez encore lorsque vous avez répété l'aveu que vous avait fait mademoiselle de Lamerlière ; cet aveu se divulgue au tribunal le 27 avril 1855, il ébranle la Salette jusque dans ses fondements. La même année, vous êtes enlevé à la garde de la montagne, vous perdez vos fonctions de supérieur des missionnaires pour être relégué dans la cure de campagne la plus modeste et la plus éloignée de la Salette.

M. Gillos a divulgué, mais il a été votre écho, on ne lui en demande pas compte, donc on reconnaît qu'il a dit vrai.

On vous éloigne comme un révélateur imprudent, compromettant ; donc on reconnaît que cette révélation est la vérité.

Votre lettre du 12 mai est un mauvais moyen pour atténuer votre imprudence providentielle ; le mensonge qu'elle proclame audacieusement a porté ses fruits, il est constaté, il est jugé ; vous êtes le calomniateur en cette circonstance, comme vous avez été le calomniateur en la circonstance qui concernait M. Cartellier.

Vous avez interverti les rôles.

Si nous suspendons la rigueur de la logique et la rigueur des faits, M. Gillos déclare hautement que vous lui avez fait part, qu'il m'a répété l'aveu que vous teniez de mademoiselle de Lamerlière.

Accusez-le, si cela vous plaît, d'être un calomniateur, et un calomniateur indigne ; qu'à son tour, si cela lui convient, il prétende que c'est vous qui êtes le calomniateur ; je comprends jusque-là la vérité, la colère ou la passion : mais quand je suis entièrement effacé derrière M. Gillos ; quand ce chanoine vient à vous, à l'évêché, à la justice, au public ; quand il écrit, quand il répète à tue-tête : *Me! me!... adsum qui feci!...* je ne sais plus comprendre votre persistance à m'accuser, votre aveuglement à ne pas vous incliner devant la délicatesse de mon désistement, votre obstination à rechercher l'éclat d'une nouvelle discussion judiciaire. Je ne vois en tout cela que délire et aberration.

Vous le voulez absolument, monsieur l'abbé, je réponds à votre appel ; je le fais avec d'autant plus de facilité que, au fond, je ne suis plus en cause : la partie se joue entre vous et M. Gillos ; à la rigueur, je n'ai pas même à prendre couleur pour l'un des deux.

M. Jules Favre a fait (p. 276) une profession de foi devant laquelle je m'incline et à laquelle il ne me trouvera jamais infidèle. « Mes principes ! C'est la vérité avant tout. Mes ennemis ! C'est le mensonge et ses propagateurs. »

Aux pages 319 et 320, en présence de votre lettre assez faiblement appuyée par vos six témoins, et de la déclaration contradictoire de M. Gillos, appuyée des attestations de MM. de Lemps et de Ventavon, l'avocat de mademoiselle de Lamerlière a indiqué la nécessité d'une enquête pour mettre fin au scandale de ces commérages ; je vous provoque sur ce terrain de la vérité et de l'honneur, monsieur l'abbé, M. Gillos a pris fait et cause contre vous, il vous a fait condamner devant la Cour ; je demanderai sa comparution en personne, demandez-la de votre côté ; s'il y a eu surprise devant la Cour, elle n'a pu se glisser que parce que les deux intéressés n'étaient pas en présence ; opposez-les l'un à l'autre devant le tribunal de Vienne ; que Dieu et les juges reçoivent le serment de chacun, que ce serment fixe la vérité, personne ne l'acclamera avec plus d'ardeur que moi.

Si vous ne reculez pas devant cette épreuve, je croirai à votre bonne foi.

Si vous reculez, la bonne foi vous fait défaut.

Je me plais à croire que vous ne reculerez pas, comme aussi je me plais à vous prévenir que la discussion judiciaire devant le tribunal de Vienne ne s'étendra pas au delà du point en litige entre nous. Si, contre mon attente et contre les habitudes du barreau, vous rencontriez un de ses membres qui fût disposé à renouveler le scandale qui s'est produit à Grenoble, soyez bien assuré que je ne m'abaisserai pas, que mon avocat ne descendra pas à la moindre réplique ; il n'opposera, comme moi, que le silence du mépris. Votre lettre du 12 mai, son énergique et fier démenti, le mal qu'elle a produit, les réparations que ce mal vous impose à raison de la faute que vous avez commise en l'écrivant, à raison de l'imprudence, de la négligence dont vous vous êtes rendu coupable en ne réclamant pas contre l'usage qu'on en faisait, voilà la matière, l'unique matière de notre contestation.

Cette matière s'est simplifiée encore par l'intervention de M. Gillos, et désormais il est acquis que votre lettre est, par rapport à moi, un mensonge et une calomnie.

Prêtre selon le cœur de Dieu, loin de décliner le jugement qui ordonnera sa suppression, vous y applaudirez ; car ce jugement empêchera la divulgation du mensonge qu'elle renferme et que l'Église entière appelle, avec saint Augustin, « non-seulement le plus criminel, le plus scélérat des mensonges, mais encore le plus scélérat des péchés. » (Div. Aug., *De mendacio.*)

Prêtre selon le cœur de Dieu, disciple de Celui devant la parole duquel les apôtres s'inclinaient en disant : « Maître, nous savons que vous dites la vérité, et que vous enseignez la voie de Dieu en toute vérité ; » disciple de Celui qui avait inspiré à ses apôtres une telle horreur du mensonge, que ces premiers ministres de son Évangile punissent d'une mort foudroyante le mensonge d'Ananias et de Saphire qui n'imposait à ses auteurs aucune réparation, vous battrez des mains, vous vous associerez à ma demande en suppression de votre lettre, qui déjà a égaré tant de consciences, qui vous impose, qui vous imposerait à l'avenir tant de réparations à faire.

Prêtre selon le cœur de Dieu, vous foulerez aux pieds les calculs démoralisateurs de l'amour-propre, ce conseiller toujours perfide, et ne songeant qu'au compte rigoureux que Dieu vous demandera un jour de la témérité de votre lettre du 12 mai, vous aimerez à le prévenir et à prouver que, si vous avez été faible jusqu'à la calomnie, vous savez être fort jusqu'à la réparation entière, absolue, la seule qui puisse rendre la paix à votre conscience.

Prêtre selon les exigences de M. J. Favre, c'est-à-dire *cadavre*, vous suivrez la voie pratiquée par l'auteur du *Mémoire au Pape;* vous résisterez, au besoin, par ordre, vous invoquerez une je ne sais quelle fin de non-recevoir dont le triomphe permettrait la divulgation de votre calomnie, et par là vous dévouerait aux arrêts toujours réparateurs de cette justice divine qui ne sait faire fléchir les principes devant aucune considération de personnes.

Prêtre selon les exigences de M. J. Favre, c'est-à-dire *cadavre*, vous ne serez pas le ministre de l'Évangile, mais l'apôtre de l'erreur, et vous prouverez une fois de plus que quiconque renie systématiquement la vérité, est condamné à s'égarer de plus en plus dans les sentiers de l'erreur et dans les voies de la perdition.

Vous ne voudrez pas être ce prêtre-là; homme, vous avez pu vous tromper, l'erreur appartient à la nature de l'homme; vous ne voudrez pas persister, la persévérance dans l'erreur n'appartient qu'au démon :

Errare humanum est, perseverare diabolicum.

Ces paroles ne sont pas de moi, elles sont de l'Église, qui les a proclamées par l'organe de ses docteurs et de ses pontifes. Vous les méditerez.

Recevez, monsieur l'abbé, etc.

L'abbé DÉLÉON.

Paris, le 24 août 1857.

Post-scriptum. — L'impression de ces lettres était terminée, lorsque je reçois communication des conclusions reconventionnelles que vous venez de faire signifier à mon avoué ; j'y réponds immédiatement quelques mots :

1° Vous vous trompez en affirmant dans ces conclusions avoir déclaré en justice que vous vous contenteriez de mon désistement pur et simple en réparation de l'outrage résultant de mon assignation. Cette allégation erronée était utile pour parler comme vous le faites de la délicatesse de votre caractère. J'ai dû, dans l'intérêt de la vérité, motiver mon désistement. Ce désistement ainsi motivé ne permettait pas de publication dans le genre de celle que vous avez faite à l'occasion de M. Cartellier. Ne serait-ce pas un peu pour cela que vous sortez de votre *abnégation* prétendue ; que vous appelez mon désistement une *injure persistante ;* que vous ne reculez pas devant une demande en suppression de mes livres et en dommages-intérêts qui pourra être une *occasion de scandale*, suivant vos propres expressions ?

En lisant vos conclusions, mes souvenirs se reportaient sur cette vieille maxime de notre Horace français : « Chassez le naturel, il revient au galop. »

2° Vous persistez à maintenir votre droit de me traiter de calomniateur, parce que j'ai publié *faussement* que mademoiselle Lamerlière vous avait fait l'aveu qu'elle était l'héroïne de la Salette, et que vous-même aviez révélé cet aveu à divers prêtres réunis à Sainte-Ursule.

Que vous ne teniez aucun compte du jugement du Tribunal et de l'arrêt de la Cour, je le vois et je le reconnais; mais que vous affectiez de ne tenir aucun compte de l'affirmation de M. Gillos, du démenti qu'il donne à votre lettre, de l'énergie avec laquelle il soutient la réalité de votre révélation à Sainte-Ursule, de la conviction de cette réalité qu'il a fait passer dans l'esprit du ministère public et de la Cour, je ne sais le comprendre qu'en faisant abnégation de sens commun ou de sens moral. Cette abnégation ne va pas à ma nature.

M. le chanoine Gillos, voilà votre véritable adversaire! En l'attaquant, vous n'avez affaire qu'à lui seul, et vous ne l'attaquez pas! Auriez-vous l'espoir, en le laissant de côté, d'obtenir de lui une soumission élastique comme celle du 26 février 1855? Vous vous y prenez trop tard; sa déclaration imprimée me garantit entièrement et à toujours. La déclaration conforme de M. l'abbé de Lemps est imprimée aussi, celle de M. de Ventavon, les paroles de M. le premier avocat général, l'adhésion de la Cour; tout cela est imprimé comme ce que j'ai écrit moi-même; tous sont calomniateurs au même titre que moi. J'ai au moins le bénéfice de la bonne compagnie; je crains bien que vous n'y ayez pas réfléchi en stipulant vos conclusions reconventionnelles.

3° Vous voulez encore avoir le droit de m'appeler calomniateur, parce que j'ai parlé de vous à l'occasion de la séquestration de Mélanie. Pesez bien ces quelques détails; ils vous diront le droit que j'ai eu ou le tort dont, selon vous, je me suis rendu coupable.

En 1854, Mélanie avait quitté le couvent de la Providence; elle était depuis plusieurs jours à Vienne, dans le couvent des sœurs de Saint-Vincent de Paul. Fin février, sur l'heure de midi, elle apparaît tout à coup à une fenêtre du couvent donnant sur la rue; elle appelle au secours; elle se plaint de la captivité qu'on lui inflige; elle demande à grands cris qu'on lui rende la liberté, et au moment où les religieuses, attirées par ses cris, viennent l'arracher à sa fenêtre, elle jette, à une foule d'ouvriers rassemblés dans la rue, un billet qui renferme toutes ses plaintes, et qui est porté, après avoir couru de main en main, à M. Rigat, curé à Vienne.

Celui-ci le restitue à la supérieure; mais il en communique tous les termes à vingt prêtres réunis le jour même chez M. Griset, autre curé de Vienne.

La nouvelle de cette scène est donnée à Grenoble. Immédiatement vous vous rendez à Vienne, monsieur l'abbé; vous vous emparez de Mélanie, vous la ramenez à Grenoble; vous la confiez à un de vos missionnaires, M. Sibillat, qui la conduit sur la montagne de la Salette, malgré les neiges qui obstruent la route, et l'y confine pendant tout l'hiver sous la garde de M. l'abbé Denoz, un de vos missionnaires encore.

Voilà, dans toute sa simplicité, l'histoire de la séquestration de Mélanie et de la part que vous y avez prise directement par vous et par les deux missionnaires dont vous étiez le supérieur.

Je tiens ces détails de la bouche de monseigneur Ginouilhac ; il les a révélés en séance d'Officialité, en présence de MM. les chanoines Revol, Gay, Henry, Gillos.

Monseigneur Ginouilhac me couvre sur ce point comme M. Gillos me couvre sur celui de votre conversation à Sainte-Ursule, à moins que vous ne prouviez la fausseté de mon affirmation.

Vous voulez, dites-vous, la vérité ; je ne recherche qu'elle. Provoquez-la de concert avec moi, non pas en produisant des certificats qui pourraient encore, comme ceux produits devant la Cour à l'appui de votre lettre, « être empreints d'un regrettable esprit de réticence, » ne pas expliquer les faits « avec sincérité, sans ambiguïté et sans détour » (*Réquisitoire*, *Affaire de la Salette*, p. 377), mais en demandant la comparution en justice des membres de l'Officialité ; ils sont instinctivement pour vous et contre moi. N'importe ! qu'ils affirment devant Dieu et devant les juges que j'invente ces détails, et que je n'en suis pas simplement le narrateur d'après le langage de monseigneur Ginouilhac ; je m'inclinerai jusqu'à terre devant la teneur de leur serment.

Si vous vous refusez à cette épreuve, vous reconnaissez par le fait que je suis dans le vrai, et alors votre conclusion reconventionnelle est jugée d'avance par le jugement du Tribunal de Grenoble que la Cour impériale vient de confirmer. Méditez-en les motifs ci-après :

« Le fait de la Salette appartient à l'histoire contemporaine. Les abbés Déléon et Cartellier, en examinant ce fait, en le discutant pour en déterminer les caractères, n'ont pu faire autrement que de raconter ce qu'ils croyaient être la vérité ; ils n'ont fait en cela que ce que font, ce que sont *obligés de faire* tous les historiens.

» Il faut bien, en effet, sous peine de rendre l'histoire impossible, leur reconnaître *le droit* de rendre compte des paroles et des actions de ceux qui se sont trouvés *mêlés* aux événements qu'ils racontent, etc. »

Je n'ai pas fait autre chose, monsieur l'abbé ; je me mets à votre disposition pour en faire la preuve. Aimerez-vous assez la vérité pour répondre à mon appel ?

FIN.

www.ingramcontent.com/pod-product-compliance
Ingram Content Group UK Ltd.
Pitfield, Milton Keynes, MK11 3LW, UK
UKHW022134190726
13855UKWH00003B/1140

9 782013 032322